„Ich dachte, du wärst in Spanien"
Leben mit FASD

Monika Stolz

„Ich dachte, du wärst in Spanien"
Leben mit FASD

Monika Stolz

Verlag Books on Demand GmbH, Norderstedt

Bibliografische Information der Deutschen Bibliothek:
Die Deutsche Bibliothek verzeichnet diese Publikation in der Deutschen
Nationalbibliografie; detaillierte bibliografische Daten sind im Internet
unter www.dnb.de abrufbar.

2. Auflage 2022 (leicht überarbeitet)
1. Auflage 2022 (für Freunde)
© 2022 Monika Stolz, Siegen
Die Namen der Personen wurde zum großen Teil anonymisiert.
Umschlagfoto: Monika Stolz
Satz, Layout und Umschlaggestaltung: Renate Lintfert, Dortmund

ISBN 9783756816613

Herstellung und Verlag:
BoD – Books on Demand,
Norderstedt
Telefon (+49) 0 40 - 53 43 35-0
Telefax (+49) 0 40 - 53 43 35- 84
Web: www.bod.de
e-Mail: info@bod.de

Inhalt

Vorwort von einem guten Freund

„Ich dachte, du wärst in Spanien" – das klingt wie der Titel eines Urlaubsromans. Es sei von Anfang an gesagt, dieses kleine Buch ist keine einfache Lektüre. Es ist eher das Gegenteil von Freizeit, Sonne, Strand und Weite, denn es beschreibt das Schicksal der 10-jährigen Lia, einem Mädchen, deren leibliche Mutter während ihrer Schwangerschaft Alkohol getrunken und damit ihr Kind bereits im Mutterleib nachhaltig geschädigt hat.

„Fetale Alkoholspektrumstörungen (FASD)" lautete die Diagnose. Lange bevor sie diese Diagnose erhielten, wunderten sich die Pflegeeltern über Entwicklungsstörungen von Lia und fragten sich, was ihrem Pflegekind fehle. Sie gerieten in immer größere Zweifel, ob sie selbst etwas bei der Betreuung falsch machten. Die im Lauf der Zeit immer ausgeprägteren Verhaltensauffälligkeiten machten sie schier verrückt und ließen sie oft verzweifeln.

Nach der Diagnose waren sie zunächst erleichtert, nun endlich die Ursache für Lias Verhalten und für ihre Ängste zu kennen. Damit begann jedoch gleichzeitig der Weg, den die bewusste Entscheidung mit sich bringt, einem von FASD betroffenen Kind ein stabiles familiäres Umfeld zukommen zu lassen. Sie mussten immer wieder bereit sein, die eigenen Wünsche und Pläne loszulassen, sich an die eingeschränkten Möglichkeiten des Kindes anzupassen und ihm ohne Wenn und Aber Liebe, Nähe und besonders Verlässlichkeit zu schenken. Diese Entscheidung betraf sie als Pflegeeltern und als Paar, als Eltern ihrer leiblichen Tochter, ihren Kampf sich konsequent für ihre Pflegetochter einzusetzen gegenüber Behörden und Einrichtungen, im Kindergarten und der Schule. Und nicht zuletzt veränderte sich ihr Verhältnis zu Freundinnen und Freunden, zu ihren Eltern und zur Gemeinde. Oft mussten sie sich gute Ratschläge anhören, selbst von sehr guten Freuden, die aber nichts von den Beeinträchtigungen eines von FASD betroffenen Kindes verstanden hatten. Sie teilten die Erfahrungen vieler Pflegeeltern, die immer wieder an ihre Grenzen geführt werden und auch darüber hinaus und darin unverstanden bleiben.

Als die Pflegemutter begann, dieses Buch zu schreiben, war es wie ein Strohhalm, an den sie sich klammerte. Sie hatte noch nie vorher einen Text veröffentlicht. Entstanden ist ein wunderbares Buch. Es ist kein medizinisches Fachbuch über FASD, davon gibt es zum Glück inzwischen mehrere sehr gute. Und es ist allen Betroffenen zu raten, sich professionelle Hilfen zu holen und sich über das Krankheitsbild FASD zu informieren. Entstanden ist ein sehr persönliches Buch einer Pflegemutter, die es wagt, das Schicksal ihrer Pflegetochter öffentlich zu machen und der Unkenntnis über FASD bis hin zur Ignoranz zu entreißen. Fetale Alkoholspektrumstörungen wären z.B. vollständig vermeidbar, wenn werdende Mütter während der Schwangerschaft konsequent auf Alkohol verzichten würden.

Dieses Buch versammelt die vielen jahrelangen Erlebnisse mit Lia und lässt in dieser Gesamtsicht ein ganz neues Bild von ihrer Pflegetochter entstehen, trotz aller Beeinträchtigungen: Das Bild eines wunderbaren Mädchens! Ich musste immer wieder innehalten, weil mich die lebensnahen, schier unglaublichen Schilderungen über Lias Leben überwältigten.

Das Buch erzählt aber genauso deutlich von großartigen Begegnungen und von ebenso großartigen Menschen, die sich Lia und ihren Pflegeeltern mit Verständnis und fast nicht mehr geglaubter Einfühlsamkeit und wohltuendem Engagement zuwenden, wie es z.B. Lias Lehrerin tut. Sie verdienen die größte Anerkennung.

Ich kann der Autorin nur gratulieren. Entstanden ist eine großartige Einladung zum Verstehen von Kindern und Eltern, die es schwer haben. Dieses kleine Buch gehört in jede Kinderarztpraxis, in die Einrichtungen der Jugendhilfe, in jeden Kindergarten und jede Schule. Als Freund, der zu diesem Buch geraten hat, kann ich sie nur bewundern und ihr danken für ihren großartigen Mut, den sie mit diesem Buch gewagt hat.

„Ich dachte, du wärst in Spanien" – verheißt zwar keine Urlaubsatmosphäre, aber lädt ein zu Entdeckungen, die wir ohne Lia nie geahnt hätten. Wir sollten uns auf sie einlassen.

Arno Lohmann

Vorwort der Autorin

Liebe Leserinnen, liebe Leser,

dieses Buch ist kein Fachbuch. Es gibt schon so viele Fachbücher. Und vor allem gibt es Fachleute, die viel besser Fachbücher schreiben können als ich. Umfangreiche Informationen finden Sie u.a. im Internet auf www.fasd-deutschland.de.

Ich schreibe dieses Buch, weil immer wieder verschiedene Menschen zu mir gesagt haben: „Moni, du musst das mal alles aufschreiben", „Mensch, schreib doch mal ein Buch". Nun habe ich mir ein Herz gefasst und angefangen.

Ich möchte erzählen, wie sich unser Leben als Familie mit der Aufnahme eines Pflegekindes, unserer Pflegetochter Lia, verändert hat.

Mein Mann Carsten und ich haben schnell gemerkt, dass Lia anders ist als andere Kinder. Irgendwann wurde eher durch Zufall, sofern es so etwas überhaupt gibt, die Diagnose FASD gestellt.

Fetale Alkoholspektrumstörungen (FASD) werden durch Alkohol in der Schwangerschaft verursacht und gehören zu den häufigsten Behinderungen von Geburt an. Sie sind in der Regel nicht sichtbar, bei Lia schon. Betroffene Kinder und Jugendliche haben Verhaltensauffälligkeiten sowie zum Teil schwere geistige Behinderungen und benötigen dauerhaft fremde Hilfe und Unterstützung im Alltag. Durch die hirnorganische Schädigung ist FASD eine Körperbehinderung.

Die Auswirkungen sind ganz unterschiedlich. Wichtig ist es mir zu sagen, dass es nicht bedeutet, dass eine Mutter regelmäßig Alkohol getrunken hat. Sondern, so sagen die Fachleute, ein Schluck bzw. Glas zum falschen Zeitpunkt in der Schwangerschaft reicht aus, um ein Kind nachhaltig zu schädigen.

In unserem Fall hat Lias Mutter Alkohol getrunken, als sich gerade die Verknüpfung der beiden Gehirnhälften bildeten. Dadurch haben sich die Gehirnhälften nicht richtig miteinander verbinden können. Es ist ein Schaden, der niemals repariert werden kann, die Auswirkungen sind groß. Jemand hat mir das so erklärt: Lia kann überhaupt nichts filtern bzw. ausblenden. Alles strömt so auf sie ein. Man muss sich das normale Leben so vorstellen, als ob ständig fünf Actionfilme gleichzeitig laufen. Lia kann dadurch kaum zur Ruhe finden, mit jeder Anforderung wird noch ein Actionfilm mehr dazu geschaltet.

Es soll hierbei überhaupt nicht um Jammern oder Klagen gehen. Und es geht auch nicht darum, dass wir bemitleidet werden wollen. Vielmehr geht es hier um Zweifeln und Verzweifeln, um ganz viel Liebe, Trauer. Um unglaublich viel Freude, aber auch genauso viel Ärger, Wut und einfach nicht mehr weiter Können.

Ich möchte erzählen und aufmerksam machen auf eine Behinderung, die häufig nicht sichtbar ist, aber so viel mit sich bringt. Zu einem Menschen ohne Beine würde man nie sagen: „Steh endlich auf."

Zu Lia haben wir früher oft gesagt: „Setz dich endlich hin ... Benimm dich ... Komm ..." – Heute wissen wir, dass sie genau das nicht kann.

In all den Jahren habe ich es nicht geschafft, ein Tagebuch zu schreiben. Aus diesem Grund fehlt auch die eine oder andere Geschichte. Es gibt kurze Ausschnitte aus den Anfängen eines Tagebuches. Irgendwann kann sich jeder vorstellen, wie eine Woche bei uns aussieht.

Was mir aber bei all dem wichtig ist: Trotz aller Anstrengung, trotz Ärger und oftmal Chaos in unserem Leben lieben wir Lia genau so wie sie ist! Lia ist unsere Pflegetochter, die wie unser eigenes Kind aufwächst, und sie ist ein absolut wunderbarer Mensch mit vielen Besonderheiten. Ein Menschenkind, das einfach im Hier und Jetzt lebt, ein Mensch voller Liebe, Ängste, Freude und Neugier.

„Wenn es Lia nicht gäbe, dann müsste man sie erfinden!"

Siegen, im Juni 2022

Es geht los

Es war an einem Montag, als wir den Anruf von einem Pflegekinderdienst bekamen. Ein gesundes Mädchen wurde vor wenigen Momenten geboren. Das Mädchen ist in Obhut genommen worden und soll sofort in eine Pflegefamilie kommen. Wir sollen nun überlegen, ob wir uns vorstellen können, das Kind aufzunehmen. Allerdings hat die Mutter noch bis abends Bedenkzeit, ob sie mit dem Kind in eine Mutter-Kind-Einrichtung geht. Natürlich können wir uns vorstellen, das Kind aufzunehmen, und somit warten wir gespannt auf den Anruf. Da die Mutter sich aber bis spätnachmittags noch nicht entschieden hat, bekommen wir gegen 17 Uhr die Mitteilung, dass es noch keine Entscheidung gibt.

Am nächsten Morgen bin ich auf der Arbeit, als der Anruf vom Pflegekinderdienst kommt. Die Mutter hatte sich noch an dem vorherigen Abend selbst aus dem Krankenhaus entlassen, wir sollen nun schnell das Mädchen aufnehmen.

Schnell heißt in diesem Fall: Zwei Tage später, morgens um 7 Uhr, steht der Stubenwagen mit unserem neuen Familienmitglied Lia neben dem Frühstückstisch.

Lia ist sehr klein und leicht (46 cm, 2350 g), was auf den extremen Zigarettenkonsum der Mutter während der Schwangerschaft zurückzuführen ist. Auch Lias Haut ist extrem angegriffen. Am Anfang löst sich die Haut wie nach einem starken Sonnenbrand ab. Klar, dass Lia da besonders empfindlich auf Berührungen reagiert.

Neben all der Freude gibt es auch viele Fragen und es muss so einiges organisiert werden. Die ersten Besucher kommen, immer wieder melden sich Mitarbeiter vom Jugendamt und dem Pflegekinderdienst an. Es müssen Verträge unterschrieben werden, wir werden darüber informiert, wer für welche Dinge zuständig ist. An manchen Tagen ist es ein großes Durcheinander, ganz nebenbei sind wir gerade Eltern geworden und nicht zu vergessen, wir haben auch noch unsere 5-jährige Tochter Maria.

Nach ein paar Tagen spielt sich dann alles ein. Die erste Aufregung hat sich gelegt und wir gewöhnen uns an unser neues Familienleben. Schon recht bald merken wir, dass Lia sehr viel schläft und in den wachen Phasen sehr unruhig ist. Sie kann sich nicht bei uns anlehnen. Nur wenn sie ihre Flasche trinkt, liegt sie in unserem Arm. Ist sie mit dem Trinken fertig, will sie sofort hochgenommen werden. Am liebsten steht sie mit unserer Hilfe auf den Beinen. Recht schnell wird das Wickeln zum Problem. An manchen Tagen bekommt sie, sobald sie auf der Wickelkommode liegt, einen Schreianfall. Lia wehrt sich mit allem, was in ihrer Macht steht, bäumt sich auf und strampelt wild. Das Wechseln der Windeln wird oft zu einer riesigen Herausforderung. Wie sich in wenigen Wochen herausstellt, wird die ganze Körperpflege zu einer echten Tortur. Nach wenigen Monaten benötigt man oftmals zwei Personen, nur um eine Windel zu wechseln. Einige Zeit später wird auch das Zähneputzen und das Haarekämmen zu einer echten Herausforderung.

Im Laufe der Zeit wird immer deutlicher, dass mit Lia etwas nicht stimmt. Nur kann uns niemand sagen, was es ist.

- Lia wird mitten in der Nacht wach und schreit. Manchmal stundenlang.
- Bei Berührungen schreit sie.
- Sie trinkt und isst schlecht, verschluckt sich sehr viel.
- In den Wachphasen ist sie extrem unruhig.
- Lia wächst kaum, ist viel zu leicht. Kleinwüchsigkeit steht im Raum.
- Sie spricht wenig.
- Sie hat immer wieder extreme Wutausbrüche.
- Lia verletzt sich und andere.
- Sie hat einen unglaublichen Bewegungsdrang.

Alltag

Unser Alltag wird immer spezieller. Mit knapp einem Jahr kann Lia laufen. Mit dem Laufen entdeckt sie auch gleichzeitig das Klettern. Es gibt nichts, an dem Lia nicht versucht hochzuklettern. Schafft sie es nicht, wird sie extrem wütend. Schreien, mit dem Kopf gegen die Wand schlagen, uns beißen oder kneifen wird zum Alltag. Keine Ahnung, woher so ein kleiner Mensch so viel Energie nimmt.

Lia ist ca. zwei Jahre alt und wir spüren immer deutlicher, etwas stimmt nicht mit ihr. Was in vielen Familien normal ist, gilt bei uns schon lange nicht mehr. Alles muss seine feste Ordnung haben, wir können nur noch die gleichen Wege gehen oder fahren. Müssen wir aus irgendeinem Grund einen anderen Weg nehmen, bekommt Lia einen Wutausbruch. Sie schreit, schlägt um sich, schlägt mit dem Kopf gegen das Autofenster oder gegen die Wand, wirft sich schreiend auf die Erde. Sie lässt sich kaum beruhigen, das Schreien ist oftmals unerträglich.

Das bekommen wir besonders in den „Ausnahmezeiten" des Jahres zu spüren. Während sich alle zum Beispiel auf Weihnachten freuen, die besinnliche Zeit genießen, setzt bei uns der Ausnahmezustand ein. Es ist nicht so, dass sich Lia nicht auf solche Zeiten freut.

Es ist einfach viel zu viel, was da auf sie einströmt. Alles in Lias Umgebung sieht anders aus. Weihnachtsschmuck, Weihnachtsmarkt, andere Gerüche lassen Lia nun überhaupt nicht zur Ruhe kommen. Am besten machen wir den Zinnober um Weihnachten nicht mit. Aber wir haben auch noch Maria, und die freut sich natürlich auf die Zeit.

Um beiden Kindern gerecht zu werden, teilen wir uns auf. Während einer bei Lia bleibt, geht der andere mit Maria zum Weihnachtsmarkt.

An Lias Geburtstag können wir ihr erst einmal nicht gratulieren, sie in den Arm nehmen oder ein Lied singen. Es ist alles viel zu viel und vor allem ist es zu nah für Lia. Was für solche Tage gilt, ist auch so, wenn Lia sich besonders auf jemanden freut.

Das ist eine Sache von vielen, die wir lernen mussten, Lia zeigt ihre Gefühle ganz anders als andere Kinder. Ist die Freude am größten, versteckt sie sich oder fährt ihre Stacheln aus.

Sie kann es zum Beispiel kaum erwarten, zur Bewegungsschule „Mobis" zu kommen und dann Ingo zu treffen. Wenn wir dort angekommen sind und ihr Ingo entgegenkommt, läuft sie fort und versteckt sich.

Wenn sich Lia wehtut, darf sie niemand anfassen und trösten. Erschreckt sie sich, geht sie auf Abwehrhaltung, kauert sich zusammen, niemand darf auch nur in ihre Nähe kommen.

Alle Ideen, die sie hat, muss sie sofort umsetzen. Aufschieben geht nicht.

So kommt es, dass wir an einem Abend Lia in ihrem Bett glauben. Plötzlich bemerken wir, dass die Haustüre offen steht. Wir schauen nach, das Bett ist leer und wir machen uns auf die Suche. Gott sei Dank finden wir Lia schnell wieder. Im Dunkeln steht Lia auf dem Zebrastreifen ca. hundert Meter von unserem Haus entfernt. In der Hand hält sie eine Taschenlampe. „Ich will mal sehen, ob die Autos noch fahren."

An einem anderen Tag komme ich morgens gegen 7.30 Uhr vom Einkaufen. Plötzlich sehe ich Lia den Stockweg entlang laufen. Sie hat ihren Schlafanzug und Gummistiefel an. Ich halte an und frage: „Lia, was machst du denn hier?" Lia sieht mich an und sagt „Mama, ich habe dich überall gesucht. Ich dachte, du wärst in Spanien". Ich frage: „Aber wo willst du denn hin?" „Ich will jetzt zum Bus gehen und zu dir nach Spanien fahren." Ich muss innerlich lachen. Lia hat die Nacht in unserem Bett geschlafen. Deshalb frage ich: „Wo ist denn der Papa?" Lia grinst und sagt: „Der liegt noch im Bett und schnarcht."

Nach diesen beiden Erlebnissen haben wir einen Bewegungsmelder in Lias Zimmer installiert, der bei uns Alarm schlägt, wenn Lia aus der Zimmertür geht. Zusätzlich schließen wir nun immer die Haustür ab.

Einkaufen

Einkaufen wird zur Tortur, Lia will nicht in den Sitz des Einkaufwagens. Sie sträubt sich, so dass eine einzelne Person es kaum schafft, sie in den Sitz zu heben. Wenn sie dann endlich sitzt, fängt sie sofort an zu klettern, stellt sich hin oder lehnt sich zur Seite aus dem Sitz, so dass sie beinahe hinausfällt. Lia in den großen Einkaufskorb zu setzen, geht auch nicht. Dort klettert sie oder wirft alles aus dem Wagen. Lia bleibt aber auch nicht an der Hand oder neben dem Einkaufswagen, sie geht sofort auf Erkundungstour, wirft die Waren aus den Regalen oder sie läuft einfach weg. Alles Rufen nützt nichts. Sie läuft einfach weiter, am liebsten nach draußen auf den Parkplatz … Lia liebt Autos. Einmal läuft sie aus dem Geschäft auf den Parkplatz und legt sich unter ein Auto. Sie will mal sehen, wie ein Auto von unten aussieht. Am besten nimmt man Lia nicht mehr mit zum Einkaufen …

Das Einkaufen wird im Laufe der Jahre immer mehr zu einer Tortur. Lia will einfach alles haben, was sie sieht. Hat sie etwas bekommen, will sie auch schon das Nächste. Wir müssen vor jedem Einkauf abwägen, ob Lia an dem Tag so gut drauf ist, dass wir es wagen können, sie mitzunehmen. Wenn es kein guter Tag ist, wird ein Einkauf mit Lia unmöglich. Immer wieder versuchen wir es, meistens sind am Ende alle frustiert und genervt,

Lia aggressiv und der restliche Tag wird zum Desaster. Jede Unternehmung muss gut durchdacht werden.

Einmal wollten wir zu Ikea fahren, um dort etwas umzutauschen. Lia freut sich, dass sie mit zu Ikea darf. Wir sagen ihr, was wir vorhaben, dass wir dort nichts einkaufen werden. Im Anschluss soll es Köttbullar geben. Schon auf der Hinfahrt geht es los. „Wir können doch ein Kuscheltier kaufen. Kommt schon, nur ein Kuscheltier, ein ganz kleines." Wir erklären es noch einmal, dass wir nur kurz etwas umtauschen müssen, wir gar nicht durch den Laden gehen und dass wir auch nicht immer Spielzeug oder Kuscheltiere kaufen können. Leider hat Lia nur noch das Kuscheltier im Kopf, die ganze Fahrt sagt sie „nur ein einziges Kuscheltier".

Auf dem Parkplatz hat sich Lia beruhigt und wir denken: Es kann klappen! Kaum sind wir im Geschäft, rennt Lia los. Alles Rufen kommt nicht mehr an. Carsten wirft mir das umzutauschende Teil zu, „Geh du schon mal umtauschen, wir treffen uns am Auto!" Ich nehme das Teil und gehe. Carsten läuft hinter Lia her. Bewusst sind wir erst spät abends gefahren, denn wir dachten, dann bleibt erst gar keine Zeit mehr für den Gang durch den Laden. Wie ein Wiesel rennt Lia zwischen den Kunden durch, ein richtiges Hinterherkommen ist nicht möglich. Ich tausche mein Teil um und gehe zum Auto. Nach einiger Zeit höre ich die Kundendurchsage „Lieber Kunde, unser Geschäft schließt in 30 Minuten." Wartend stehe ich am Auto, die letzten Kunden verlassen das Geschäft und verstauen ihre Ware. Von Carsten und Lia ist nichts zu sehen.

Mittlerweile leert sich der Parkplatz, dann höre ich Lia schreien: „Ich will ein Kuscheltier. Ich will was kaufen. Lass mich. Du bist doof. Ich hasse dich. Und ich hasse Mama. Hilfe! Hilfe! Ich will was kaufen." Carsten erscheint in der Tür, auf dem Arm die wütende Lia, die kaum noch zu halten ist.

Am Auto angekommen schaltet Lia noch mal einen Gang höher. Sie schreit, schlägt um sich, spuckt und schnieft allen Rotz aus der Nase. Dann nimmt sie ihr T-Shirt und putzt sich die Nase. Sie zieht das T-Shirt aus und wirft es auf den Parkplatz. Wir versuchen, Lia zu beruhigen und in den Autositz zu setzen. Sie sträubt sich so sehr, dass wir selbst zu zweit keine Chance haben. Die anderen Kunden auf dem Parkplatz vergessen ihre Ware einzupacken, es scheint viel zu interessant zu sein, was sich bei uns tut. Ich bin völlig genervt. Kann es denn nie mal bei uns normal sein? Nach kurzer Zeit nerven die Blicke und das Getuschel der Menschen um uns herum.

Lia hört nicht auf zu schreien. Vollkommen genervt schaue ich die letzten Kunden an und rufe „Möchte vielleicht irgendwer das Kind haben?" Das war ein voller Erfolg! Peinlich berührt packen die Leute ihre Waren ins Auto und fahren ab.

Lia schaut mich entsetzt an und sagt: „Hey, Mama, was soll das?" Das Schreien ist durchbrochen, wir können reden. Sie steigt ins Auto ein und wir fahren nach Hause. Wir atmen durch! Im Auto sprechen wir mit Lia. Natürlich wollen wir sie nicht hergeben! Lia ist beruhigt.

Kaum sind wir losgefahren, fängt Lia hinten im Auto wieder an. „Kaufen, kaufen, kaufen. Ich will was kaufen. Ich will kaufen!" Es kommt in Dauerschleife, ich versuche sie zu beruhigen. Es nützt nichts, wir versuchen, Lia zu ignorieren, und wissen nicht, ob wir genervt schreien oder einfach nur noch lachen sollen.

Nach ein paar Minuten wird sie ruhiger, dann sagt sie: „So, ich mache jetzt die Autotür auf und springe auf die Straße. Dann bin ich verletzt und muss in die Kinderklinik. Dann müsst ihr mir ja was kaufen, weil ich dann verletzt und traurig bin".

Wir haben zum Glück die Kindersicherung in der Türe drin. Als Lia das merkt, ruft sie wieder „kaufen, kaufen" und schlägt mit dem Kopf an die Scheibe. Gott sei Dank sind wir schnell zu Hause. Wir tragen Lia zu zweit aus dem Auto. Sie schreit: „Kaufen, ich will kaufen! Ich hasse euch!" Wir bauen ihr die Höhle zwischen Sofa und einer Ecke im Wohnzimmer und legen sie hinein. Nach gut dreißig Minuten hat sich Lia beruhigt, sie ist völlig fertig. Wir bringen sie ins Bett, lesen ihr noch was vor. Lia schläft die Nacht durch. Am nächsten Morgen steht Lia auf, ihre ersten Worte sind: „Können wir heute was kaufen?" Ich hoffe, heute wird der Tag besser als gestern.

Essen und Trinken

Vielleicht wundert ihr euch nun, dass es einen separaten Teil zum Thema Essen und Trinken gibt. In den Jahren mit Lia haben wir feststellen müssen, dass Essen und Trinken für uns ein besonderes Thema ist.

Lia isst schlecht und sehr besonders. Sie kann bestimmte Konsistenzen nicht schlucken bzw. auf der Zunge leiden. Sie verschluckt sich oft, aus diesem Grund kann sie nur kleine Mengen in den Mund nehmen. Zum Beispiel isst sie Joghurt am besten mit einem Espressolöffel. Wenn etwas anders schmeckt oder riecht, isst sie es nicht.

Das hängt mit der fehlenden Muskelspannung und Koordination von bestimmten Mundmuskeln zusammen, die FASD-typisch sind.

Vielleicht denkt ihr nun, das kann doch nicht sein, das ist doch nur Erziehungssache, die ist ja total verwöhnt. Ich versichere euch, wir haben alles versucht!

Lia isst manchmal nur Nudeln einer bestimmten Sorte bzw. Firma. Alle Versuche, ihr andere Nudeln zu geben, enden damit, das Lia dann halt nichts isst.

Es darf auch immer nur eine Sache auf dem Teller liegen. Lia isst auch selten Brot mit Belag. Sie ist das

Brot und dann den Belag. Kein gekochtes Gemüse, zum Glück aber Rohkost. Es gibt Tage, an denen isst sie so gut wie gar nichts. Wir machen ihr immer wieder Angebote zu Zwischenmahlzeiten. Sie hat auch kein richtiges Hungergefühl.

Lia isst am besten, wenn sie abgelenkt ist. So sind Bücher oder kleine Spielzeuge immer mit an unserem Tisch. Und auch wenn jetzt einige die Hände über dem Kopf zusammenschlagen, sie isst auch des öfteren vor dem Fernseher. Denn dann können wir sicher sein, dass sie überhaupt etwas isst. Außerdem haben wir, wenn Lia vor dem Fernseher isst, die Gelegenheit als Familie eine Mahlzeit einzunehmen.

Sollten wir mal in ein Restaurant gehen, müssen wir natürlich immer in dasselbe Restaurant gehen. Lia bekommt dann Kopfhörer auf und das Tablet eingeschaltet. Denn ansonsten wäre es nicht möglich, mit ihr in so eine fremde Umgebung zu gehen. Die vielen Geräusche, Gerüche und die Unruhe kann Lia nicht filtern, es würde sie völlig verrückt machen. Lia würde sehr laut, würde ständig durch das Restaurant laufen, an alles ran gehen und natürlich auch umwerfen.

Freunde

Auch die Besuche bei Freunden oder Verwandte werden zu einer Besonderheit. Lia reagiert extrem auf die veränderte Situation. In fremder Umgebung kann sie einfach nicht zur Ruhe kommen. Oft läuft sie die ganze Zeit durch die Wohnung, geht an alles dran oder klettert auf Möbel. Sie kann nicht mit allen an einem Tisch sitzen. Lia wirkt wie ein Löwe im Käfig.

Bei Familienfesten sitzt Lia am liebsten unter dem Tisch oder alleine in einem anderen Zimmer auf dem Fußboden. Eine gemeinsame Mahlzeit ist nicht möglich. Also lassen wir Lia fortan zuerst zu Hause essen.

Bagger

Lia (2,5 Jahre) liebt Bagger und wir haben vor unserem Haus eine Großbaustelle. Lia ist überglücklich, schon morgens sitzen wir auf der Haustürtreppe und sehen zu, wie der Bagger Löcher gräbt. Lia möchte natürlich am liebsten in einen Bagger rein. Eines Morgens steht sie von der Treppe auf und geht zu dem Bagger. Der junge Mann lächelt Lia an. Sie fragt: „Mann, darf ich rein?" Der Baggerfahrer stellt den Motor ab und öffnet die Tür. „Darf ich rein, Mann?", fragt Lia erneut. Der Baggerfahrer steigt aus, hält Lia die Hand hin und sieht mich dabei fragend an. Ich nicke, und Lia tapst mit dem jungen Mann zum Bagger. Stolz sitzt Lia auf dem Schoß des Baggerfahrers und redet ganz viel. Leider versteht der Baggerfahrer nicht viel, aber es reicht dazu, dass Lia öfter mit in den Bagger darf.

Ticks

Lia entwickelt immer wieder neue Ticks. Mit ca. drei Jahren wird sie oft unglaublich wütend, wenn andere Autos hinter uns her fahren. Lia schreit, wirft sich in ihrem Autositz hin und her, schlägt den Kopf gegen die Scheibe und versucht, aus dem Autositz zu kommen. Mal dürfen keine roten Autos auf der Straße sein, ein anderes Mal sollen keine blauen Autos fahren und oftmals sind alle Fußgänger blöd und sollen auch nicht da sein. Selbst eine rote Ampel führt immer wieder zu Wutausbrüchen. Oft ist eine Weiterfahrt überhaupt nicht möglich, wir müssen anhalten, Lia aus dem Sitz herausholen und sie beruhigen.

Weglaufen

Lia ist unglaublich neugierig und muss immer alles sofort herausfinden. Wenn ihr etwas in den Sinn kommt, muss sie es auch direkt in die Tat umsetzen. Leider ist der Drang zur Umsetzung dann so stark, dass sie Recht und Unrecht nicht mehr im Blick hat und es in diesen Momenten auch keine Regeln mehr gibt. So kommt es immer wieder zu brenzligen Situationen, weil Lia etwas auf der anderen Straßenseite sieht und einfach losrennt. Und ja, wir haben auch schon Dinge in Hosen oder Jackentaschen gefunden, die ihr auf keinen Fall gehören. Wenn wir Lia darauf ansprechen, sagt sie: „Aber ich brauche das jetzt."

Abschalter

Lia ist unglaublich schnell überreizt. Oft weiß sie nicht mehr wohin mit sich, sie ist aufgeregt, verwirrt und überfordert. In solchen Momenten wirkt sie als ob jemand einen Schalter umgelegt hat. Lia wird unglaublich aggressiv. Nichts und niemand ist in solchen Augenblicken vor ihr sicher. Wir müssen dann eine gute Lösung finden, die Lia die ganzen Reize nimmt, sie aber auch nicht alleine lässt. Wir bauen Lia eine kleine Höhle in einer Ecke im Wohnzimmer. Dorthin kann sie sich zurückziehen, wenn ihr wieder alles zu viel ist.

Windel

Eine weitere Phase ist es, dass Lia ständig ihre Windel aufmacht und den Inhalt im Haus verteilt. Mal liegen die Küddel auf der Treppe, dann an der Wand verteilt, ein anderes Mal fahren ihre Spielzeugautos durch. Gerne zieht sie die Windel aus und sieht zu, wie das Pippi auf's Kissen läuft und dort verschwindet. An dieser Stelle gebe ich allen Recht, die jetzt sagen, mit drei Jahren muss Lia doch wohl keine Windel mehr tragen. Leider ist es aber so, dass Lia nichts auf der Toilette oder das Töpfchen macht. „Ich gebe das nicht ab", sagt sie. Lia kann lange, wirklich sehr lange einhalten.

Eine Therapeutin erklärt uns, dass es für Lia die einzige Möglichkeit ist, Kontrolle zu haben. Angst vor Kontrollverlust, im Laufe der Jahre wird dies immer wieder zum Thema, nämlich immer, wenn Lia eine Situation für sich nicht einschätzen kann, ihr etwas Angst macht und sie das Gefühl bekommt, keine Kontrolle mehr zu haben. In solchen Situationen geht Lia nicht mehr zur Toilette. An manchen Tagen denke ich, Lia muss bald platzen! Wenn es dann wirklich nicht mehr geht, ist oft die Hose nass oder sie sitzt weinend auf der Toilette, weil sie nicht will, dass das Pippi kommt.

Schöne Situationen

Natürlich ist nicht alles immer nur schrecklich, nein, wir dürfen auch unglaublich schöne, anrührende Situationen erleben. Lia lebt im Hier und Jetzt. Schon lange sage ich: „Wenn es Lia nicht gäbe, dann müsste man sie erfinden." Wenn etwas toll ist, muss sie das auch sagen, manchmal sprudelt sie über vor Liebe. Oft steht sie vor uns und sagt: „Weißt du, ich liebe dich! Ich liebe dich von ganzem Herzen."

Lia kann sich unglaublich freuen und ihre Freude ist so ansteckend. Fahren wir über eine Brücke oder stehen auf einem Berg, ruft Lia laut vor Freude: „Leute, ich kann ja die ganze Welt sehen." Sie entdeckt immer wieder Neues, ist oft sehr einfühlsam und überhaupt nicht nachtragend.

Lia beschäftigt sich gedanklich zur Zeit immer öfter mit dem Thema Pflegekind. Mit ca. sechs Jahren spielt sie monatelang das gleiche Spiel. Lia geht aus der Haustüre nach draußen. Kaum hat sie die Haustüre zugezogen klingelt sie. Ich mache die Türe auf, vor mir steht Lia, sie schaut mich ernst und irgendwie auch traurig an. „Darf ich bei euch wohnen?" fragt sie. Ich lasse mich auf das Spiel ein. „Natürlich darfst du bei uns wohnen, wie heißt du denn überhaupt?"

„Ich heiße Lia und ich bin sechs Jahre alt. Ich habe keine Mama und keinen Papa mehr." „Hallo Lia, ich heiße Moni, möchtest du reinkommen?" „Ja gerne, habt ihr denn auch ein Zimmer und ein Bett für mich?" fragt sie. Ich reiche Lia meine Hand. „Ja, das haben wir, wollen wir uns das Zimmer und das Bett mal anschauen?" Lia nimmt meine Hand und geht mit mir in ihr Zimmer. Sie schaut sich alles ganz genau an. „Und hier darf ich dann wohnen?" fragt sie mich. Ich nicke und sage zu ihr: „Ja, das kann dein Zimmer sein, wenn du willst und wenn du bei uns bleiben willst." Nach kurzem Überlegen setzt sich Lia zu mir und fragt: „Und darf ich dann auch Mama zu dir sagen?" Ich nehme Lia in den Arm. „Natürlich darfst du Mama zu mir sagen." Lia sieht erleichtert aus, sie strahlt sogar ein wenig, als sie zu mir sagt: „Also, dann bleibe ich hier, danke Mama!"

Ich weiß nicht wie oft wir dieses Spiel gespielt haben, mehrere Monate immer und immer wieder. An manchen Tagen spielen wir drei bis vier mal das Spiel. Immer wieder fragt sie nach, ob wir sie auch wirklich lieb haben. Ob wir uns freuen, dass sie bei uns wohnt. Wie es war, als wir sie im Krankenhaus abgeholt haben.

Wir fahren auf einer Landstraße, Lia hört Musik und schaut aus dem Fenster. Plötzlich macht sie die Musik aus und sagt: „Mama, jetzt hör mir mal genau zu, ich muss dir was ganz Wichtiges sagen." Ich schaue kurz zur Seite und sehe ein ganz ernstes und zugleich wichtig aussehendes Kind. Ich frage: „Was musst du mir denn so Wichtiges sagen?" Lia schaut mich an und sagt: „Danke, Mama." Ich bin etwas verwundert und frage nach: „Wofür sagst du mir denn jetzt danke?" Lia antwortet: „Danke, Mama, dass ihr mich ausgesucht habt und nach Hause geholt habt, ich liebe euch."

Therapie

Lia benötigt deutlich mehr Förderung als andere Kinder. Da wir lange keine Diagnose für sie haben, können nur die offensichtlichen Defizite gefördert werden. Um nicht in den endlosen Mühlen der Kinderklinik (SPZ) zu landen, haben wir uns selber auf den Weg gemacht, geeignete Therapien für Lia zu finden.

Hören

Lia spricht anfangs nur sehr wenig. Sie brabbelt unverständlich vor sich hin, richtige Worte sind nicht erkennbar. Da Lia am Kopf besonders empfindlich ist, lässt sie bei den Hörtests die Kopfhörer nicht auf. Mein Eindruck ist, dass Lia auch gar nicht versteht, warum sie die Kopfhörer aufziehen soll und was sie dann machen soll. Also fällt sie bei jeder U-Untersuchung durch den Hörtest, und weil sie auch noch nicht richtig spricht, kann sie die Bilder, die ihr während der Untersuchung gezeigt werden, nicht benennen.

Wir bekommen eine Überweisung in die Audioklinik in Marburg. Vielleicht ist Lia hörbehindert. Nach mehreren Terminen wissen wir, dass Lia ganz normal hört.

Rückführung zur basalen Bindung

Zwischenzeitlich sind wir sehr verzweifelt. Ein Fachgespräch soll stattfinden. Nachdem sich alle Beteiligten unsere Nöte angehört haben, kommen sie auf eine Idee: Man kann doch die „basale Rückführung mit Festehalte-therapie" jetzt mal versuchen. Leider ist das dann auch schon die einzige Idee.

Lia, die außer den wenigen Besuchskontakten keine Beziehung zu ihrer leiblichen Mutter hat, soll nackt auf deren Bauch gelegt und dann so lange festgehalten werden, bis sie ruhig liegen bleibt. Mit dieser „Therapie" sollen Mutter und Kind die Geburt noch einmal erleben.

Alle unsere damaligen Therapeuten haben mit uns zusammen die Hände über den Kopf zusammengeschlagen und interveniert. So ein Schwachsinn!

Arbeit am Tonfeld

Wir versuchen es ganzheitlicher. Der Pflegekinderdienst weist uns auf eine Therapie hin, die sich „Arbeit am Tonfeld"[1] nennt. Die Internetseite beschreibt es so:

„Der haptische Sinn ist der grundlegende Beziehungssinn zur Welt ebenso wie zu uns selbst. Er umfasst den Hautsinn, die Tiefensensibilität und das Gleichgewicht. Über diese Basissinne erfahren und orientieren wir uns – wir äußern uns in die Welt hinein.

[1] www.tonfeld.de/index.php?id=110, Zugriff am 20.03.2022

Wer etwas mit den Händen berührt, wird auch selbst davon berührt. Im haptischen Begreifen wird jede Bewegung bewegend zurückerfahren. Schon die ersten frühkindlichen Welt-Erfahrungen prägen sich auf diese Weise ein und formen den jeweils individuellen Ausdruck in der Bewegung. Jeder Gestus, in dem wir uns äußern, enthält die persönliche biografische Beziehungserfahrung zur Welt.

Im Tonfeld wird es möglich, in den Spuren der Bewegung den Spuren des eigenen Gewordenseins zu begegnen. Doch es bleibt nicht beim Begegnen. Die Gegenseitigkeit von Berühren und Berührtsein fordert unweigerlich zu Antworten heraus und eröffnet einen fortlaufenden Prozess des Gestaltens und Umgestaltens. Die Hände folgen dem Bedürfnis der Bewegung, bis dieses sich erfüllt in einem neuen Gleichgewicht von Efferenz und Reafferenz, von Wirkung und Rückwirkung.

Was in der biografischen Situation eventuell nicht möglich war, kann hier im sensomotorischen Prozess am Tonfeld nachgeholt und ausgeglichen werden. Dazu stellt sich der Ton unendlich zur Verfügung. Er ist gestaltbar und vermittelt die eigene Berührung zurück, sodass Veränderung und Entwicklung möglich wird. Was hier modellhaft in der Bewegung der Hände geschieht, umfasst zugleich auch die grundlegende Entwicklungsbewegung des Lebens."

Scheinbar eine gute Möglichkeit, dass Lia über diese Arbeit mehr zu sich findet und sich besser wahrnimmt. Wir vereinbaren einen Termin und sind nach dem ersten Gespräch begeistert. Lia und Frau Loos finden schnell zueinander und Lia bekommt die Möglichkeit, sich auch ohne Worte auszudrücken. Im Laufe der Jahre werden Tonfeld und Frau Loos zu einem wichtigen Bestandteil in unserem Leben.

Spieltherapie

Lia bekommt immer wieder Wutausbrüche, kann viele alltägliche Situationen nicht deuten und verarbeiten. Wir nehmen Kontakt mit Frau Schürholz (Kinder und Jugendpsychotherapeutin) auf. Es ist wieder so ein Glücksfall. Frau Schürholz kennt sich gerade im Bereich Pflegekinder gut aus, und was wir schon im ersten Gespräch merken, sie hat nicht so ein „08/15-Denken". Lia geht gerne zu Frau Schürholz und vertraut ihr. Im Spiel kann Lia ihre Ängste gut vorbringen und verarbeiten. Und auch wir fühlen uns bei Frau Schürholz gut aufgehoben, gesehen, gut beraten und ernst genommen.

Sozialpädiatrisches Zentrum – SPZ

Ein gutes Beispiel dafür, warum wir nicht ins SPZ wollen, ist der kurze Ausflug zur motopädischen Behandlung dort. Wir kommen zum ersten Termin, die Motopädin begrüßt uns kurz und knapp. Statt Lia mit

Namen anzusprechen, sagt sie immer nur „Fräulein". Ich ärgere mich darüber sehr und sage ihr, dass Lia einen schönen Namen hat und wahrscheinlich auch besser auf sie reagieren wird, wenn sie anstelle von Fräulein Lia sagt.

Mein Einwand wird ignoriert. Dafür bekomme ich eine Gardinenpredigt über all das, was bisher schon beim Umgang mit Lia schief gegangen ist. Mein Ärger wird größer, aber Lia macht noch mit und ich schlucke meinen Ärger runter. In Folge der nächsten Termine wird das Verhältnis von Lia zur Therapeutin immer angespannter. Weiterhin wird Lia nur „Fräulein" genannt, was mich auf die Palme bringt.

In der vierten Stunde werden wir mit den Worten: „Fräulein, zieh dich aus" empfangen. Lia soll wieder am ganzen Körper massiert werden. Da ich aber in den Augen der Therapeutin viel zu sanft mit dem Kind umgehe, will sie das nun selber in die Hand nehmen und mir in diesem Zuge auch zeigen, wie so eine Massage richtig geht.

Lia bekommt Panik und versteckt sich. Die Therapeutin wird ungeduldig und wütend. „So, Fräulein! Ich sage es dir nicht noch einmal, du ziehst dich jetzt aus!" Drohend und fast übermächtig geht sie auf Lia zu. Lia läuft weg und versteckt sich hinter einem Regal. Dort weint sie zusammengekauert. Die Therapeutin versucht, das Regal wegzuziehen. Sie wird immer ungehaltener und lauter. Lia hält sich hinter dem Regal die Ohren zu und schreit.

Ich versuche, die Situation zu retten, und weise die Therapeutin erneut darauf hin, dass Lia wahrscheinlich vorgeburtlich traumatisiert ist, ihre Haut samt den darunter liegenden Nerven geschädigt ist und dass so eine Massage für sie körperliche Schmerzen bedeutet. „Alles Quatsch und dumme Ausreden. Der fehlt Konsequenz und eine harte Führung", bekomme ich zur Antwort.

Ich platze schon innerlich vor Wut. „Diese blöde Kuh, was glaubt die eigentlich, wer sie ist?" In Gedanken fange ich an, meine Beschwerde über sie zu formulieren. Dann höre ich wieder ihre vollkommen unangemessene laute und lieblose Stimme. „Fräulein, es reicht jetzt. Entweder du kommst jetzt da raus, ziehst dich aus und machst mit, oder ich schicke deine Mutter jetzt raus und wir arbeiten alleine weiter."

Was für ein Schwachsinn, da kommen mir nur noch ungute Bilder. Ich gehe zu der Therapeutin und sage: „Wissen Sie was? Die Mutter geht jetzt raus, aber mit Lia. Ich beende hiermit die Therapie!"

Ich hole Lia vorsichtig aus der Ecke heraus, die Therapeutin ist außer sich und schnauzt mich an: „Wenn Sie jetzt die Therapie abbrechen, dann melde ich das der Krankenkasse. Dann können Sie die Kosten selber zahlen. Außerdem war es das dann für Sie mit Therapien auf Kassenkosten."

Ich muss lachen und sage: „Wissen Sie was, das ist eine hervorragende Idee, das der Kasse zu melden. Dann kann ich auch gleich der Krankenkasse berichten, wie Sie hier Kinder therapieren." Ich habe die Therapie abgebrochen, von der Krankenkasse hat sich nie jemand gemeldet.

Mobis

Nach dieser unglaublichen Erfahrung haben wir Lia in der Bewegungsschule Mobis angemeldet. Dank dem Leiter der Bewegungsschule, Ingo Eckstein, dürfen wir ganz neue Erfahrungen machen. Ingo wird schnell zu einem wichtigen Vertrauten von Lia. „Ingo ist mein Superheld".

Ingo versteht von Anfang an, Lia zu nehmen und ihre Bedürfnisse zu sehen. In einem Gespräch sagt er zu mir: „Diese Massagen in der Kinderklinik sind viel zu früh. Das macht Lia Angst. Wir fangen mal ganz vorsichtig an, am besten mit kleinen Spaßkämpfen, kitzeln und in Decken einwickeln."

Da Lia es liebt, sich zu bewegen, geht sie gerne zu Mobis. Ab und zu schnappt sich Ingo Lia. Sie machen Spaßkämpfe und Lia fängt an, es sich gefallen zu lassen, dass ihr jemand so nah kommt.

Mit Wonne kugelt sie sich mit Ingo über den Hallenboden. Lia liebt Ingo und kann ihre Freude auf den bevorstehenden Termin kaum zügeln. „Wenn ich groß bin, heirate ich Ingo!" Das Vertrauen kennt keine Grenze. Lia klettert so hoch, wie sie kann, und spring dann von oben in Ingos Arme. Selbst ihr Kuschelhund wird schon nach kurzer Zeit auf Ingo getauft.

Was Ingo sagt, ist nun Gesetz. Mittlerweile haben wir sogar „Ingo-Musik" im Auto, die im Urlaub in Dauerschleife läuft. Mit dieser Liebe sind dann aber auch seltsame Gedankengänge verbunden. Eines Tages kommt Lia nach Hause und sagt: „Mama, ich breche mir mal mein Bein. Dann muss ich in die Kinderklinik und dann besucht mich Ingo."

Im Urlaub steht Lia nachts an unserem Bett, weckt uns und sagt: „Ich frage mich, was der Ingo jetzt macht."

Diagnose

Im Laufe der Jahre haben wir viel mit Ärzten und Therapeuten gesprochen. Immer wieder gibt es neue Ideen zu einer Diagnose. Aber mit jeder Idee kommen auch Einwände.

Hyperaktiv? Passt irgendwie zu der ständigen Unruhe, aber nicht zu den vielen Tagen, an denen Lia konzentriert und ausdauernd spielt.

Autismus? Passt zu „immer muss alles gleich sein". Auch zu den Zwängen. Aber nicht dazu, dass man Lia an vielen Tagen gut lenken kann und auch mal was machen kann, was nicht gerade in ihr festes Bild passt.

Alkohol wird immer wieder mal zum Thema. Aber wir haben die Information, dass Alkohol nie eine Rolle bei der Mutter gespielt hat. Wohl aber sehr viel Nikotin, und dazu gibt es keine gesicherten Diagnosen.

Irgendwie ist es doch von jedem etwas, aber nichts Konkretes.

Als Lia bereits viereinhalb Jahre alt ist, hat Carsten durch seine Arbeit Kontakt zu einer Ärztin, Frau Dr. Wüst in Meinerzhagen. Mit ihr bespricht er die Probleme mit Lia und das sehr starke Rauchen der Mutter in der Schwangerschaft. Frau Dr. Wüst ist der Meinung: Es passt vieles zu FASD, der Fetalen Alkoholspektrumstörung!

Wir machen einen Termin ohne Lia, erzählen von ihr und von ihrer leiblichen Mutter, die pro Tag 60 selbst zugegebene Zigaretten in der Schwangerschaft geraucht hatte. Wir fragen nach, ob es Untersuchungen über den starken Nikotinkonsum in der Schwangerschaft gibt. Frau Dr. Wüst sagt uns: „Wenn eine Mutter so viel geraucht hat, hat sie in der Regel auch zwischendurch Alkohol getrunken. Wir können gerne mal einen Termin mit dem Kind zur Diagnostik machen."

Wir vereinbaren einen Termin. Gewappnet mit Babyfotos, U-Heft und Lia fahren wir nach Meinerzhagen. Frau Dr. Wüst sieht Lia und sagt zu uns, eigentlich brauchen wir keine Diagnostik mehr. Das, was sie sehe, ist schon so eindeutig. Kleiner Kopf, Philtrum (Rotzrinne) ist kaum ausgeprägt, die Stellung der Augen, eigentlich ist schon alles klar.

Die ausführliche Diagnostik zeigt, dass Lia das Vollbild FASD hat. Das liegt zwischen geistiger und Lernbehinderung. Die Diagnose mit den Einschränkungen führt zu einem Schwerbehindertenausweis mit einem Grad der Behinderung von 70 und dem Merkzeichen H wie hilflos und B wie auf Begleitung angewiesen.

Wir schaffen Fachbücher an, lesen, was uns erwartet. Mir macht das, was ich lese, Angst. Menschen mit dem Vollbild der Behinderung sind in der Regel nicht in der Lage, jemals eigenständig zu leben. Straffälligkeit ist bei drei von vier dieser Menschen ein großes Thema. Sie können häufig nichts dafür, werden angestiftet oder haben kein Unrechtsbewusstsein. Deshalb sind sie zum Glück auch häufig strafunmündig. Bei Mädchen ist Prostitution manchmal ein Thema.

Ich will das alles nicht mehr lesen und beschließe, nur noch die Teile der Bücher zu lesen, die jetzt gerade für uns dran sind.

Neben all den Fachbüchern, die wir zumindest teilweise gelesen haben, gründen wir eine Selbsthilfegruppe für Adoptiv- und Pflegefamilien, die Kinder mit FASD aufgenommen haben. Im Laufe der Zeit müssen wir feststellen, wie wenig bekannt FASD ist, und vor allem, wie die Behinderung immer noch am liebsten totgeschwiegen wird.

Wir werden manchmal gefragt, was uns denn die Diagnose gebracht hat und ob sich Lias Verhalten nun verändert hat. Natürlich hat sich Lias Verhalten nicht verändert, ein Blinder wird ja auch nicht zum Sehenden, nur weil man weiß, dass er blind ist. Was sich aber verändert hat ist, dass wir nun wissen, dass Lia für viele Reaktionen nichts kann. Wir haben uns und unser Leben immer mehr auf die Bedürfnisse von Lia verändert. Wissen, dass manche Dinge nicht gehen, zum Beispiel einfach mal über den Weihnachtsmarkt schlendern, spontan bummeln gehen, ins Restaurant gehen ...

Nachdem wir das verstanden haben und uns immer mehr darauf eingestellt haben, ist es bei uns deutlich ruhiger geworden. Wir können nun mit so mancher Situation anders umgehen, wissen, dass Lia nicht einfach ihren Kopf durchsetzen will, sondern dass es gerade mal wieder ein Zu-viel für Lia ist. Vor allem – und ich glaube, das ist der wichtigste Punkt – wissen wir, dass wir gerade nicht als Eltern in der Erziehung versagen, sondern dass wir an die Grenze einer Behinderung/Einschränkung stoßen.

Urlaub

In den Urlaub zu fahren war und ist auch immer noch eine Herausforderung. Für Lia, die überhaupt keine Eindrücke filtern kann, ist ein Urlaub das reinste Gefühlschaos. Natürlich findet sie es toll, das Meer zu sehen. Auch die Tiere auf dem Bauernhof findet sie toll. Aber auf der anderen Seite ist auch alles anders. Die Ferienwohnung, die Umgebung. Alles ist für Lia fremd. Sie kann nicht zur Ruhe kommen.

Die ersten Nächte werden für alle zur Qual, denn Lia schläft nur ganz wenig. Sie ist völlig durcheinander. So werden die ersten zehn von vierzehn Nächten eher zum Tag. Für uns heißt das, wir müssen erst einmal wieder Ruhe in den Tag bringen.

Ausflüge werden zur Herausforderung. Alles ist neu und muss erforscht werden. Es ist kein Platz mehr im Kopf für Gefahren oder Regeln. So kommt es, dass Lia mit knapp drei Jahren fast ins Hafenbecken in Neuharlingersiel gesprungen wäre.

Wenige Tage später findet sie in einer Hecke auf dem Bauernhof ein Loch und fährt mit dem Bobbycar über die viel befahrene Landstraße.

Lia rennt wie ein gehetztes Tier durch neue Orte. Für sie gibt es kein Anhalten, überall gibt es was zu sehen. Es riecht anders. Unser Urlaub besteht mehr aus der Suche nach Lia als aus Erholung. Gerade ist Lia noch da, kaum haben wir uns umgedreht, ist sie auch schon weg.

Wir haben gehört, das andere Eltern mit FASD-Kindern gute Erfahrungen mit einem Wohnwagen gemacht haben. Zufällig besuchen wir Freunde auf einem Campingplatz und schaffen uns sehr kurze Zeit später einen Wohnwagen an. Wir haben noch keine Anhängerkupplung, aber einen Wohnwagen.

Der Wohnwagen wird zum Erfolg, Lia hat in dem Wohnwagen eine vertraute Umgebung, ihr eigenes Bett, was sie oft als Höhle nutzt. Es ist ihr sicherer Ort, wenn sie eine Auszeit braucht. Sie zieht sich immer wieder gerne dorthin zurück.

Natürlich ist das Leben auf dem Campingplatz auch turbulent. Aber es ist deutlich besser für alle.

Wir suchen Campingplätze aus, die möglichst klein und mitten in der Natur sind, am besten weit weg von Städten und Straßen liegen. In der Natur fühlt sich Lia wohl. Ab und zu schließt sie sogar Freundschaft mit anderen Kindern. Lia erforscht die Natur, findet Geheimwege, die Gott sei Dank immer in der Nähe von unserem Stellplatz enden. Wir wechseln nur selten den Campingplatz, denn auch das gibt Lia Sicherheit und garantiert uns als Familie die benötigte Erholung.

Natürlich sind wir nie vor Überraschungen sicher, so bestimmen auch kuriose Unfälle unseren Urlaub. Einmal macht Lia Kunststücke auf dem Klettergerüst. Dabei stürzt sie aus einem Meter Höhe ab und landet auf dem Ellbogen.

Ein anderes Mal klettert sie auf einer morschen Tanne. Ein Ast bricht ab und spießt Lia im wahrsten Sinne des Wortes auf.

Aber es gibt auch hier wunderbare anrührende Momente. Lia sammelt einmal kleine Frösche in einem Eimer. Für diese baut sie aus Steinen und Stöcken einen „Kindergarten". Später bringt sie die Frösche dann an das andere Ende des Campingplatzes. „Die Frösche müssen ja auch mal neue Freunde finden."

Ein weiterer Pluspunkt für den Campingplatz ist, dass auch Maria sich wohlfühlt und Freundschaften schließen kann und somit glücklich beschäftigt ist.

Kleine Geschichten – mitten aus dem Leben

Wir sind im Urlaub auf dem Campingplatz. Lia kommt zu mir in die Spülküche und will mir helfen. Außer uns sind noch vier andere Personen da. Lia trocknet einen Teller ab und erzählt mir, was sie noch alles abtrocknen will. Plötzlich legt sie alles hin und sagt „Weißt du, Mama, ich will dir mal was sagen." Ich schaue Lia an. „Weißt du, Mama, ich liebe dich, ich liebe dich von ganzem Herzen, auch wenn es schon mal schwer ist."

Lia ist eingeschult und liebt ihre Klassenlehrerin Frau Rackel und die Direktorin Frau Withake. Sie hat gerade mit der Chor-AG ein Musical gesungen, in dem es ein Lied vom großen schwarzen Loch gibt. Vor dem Lied hat Lia Angst. Sie will auf gar keinen Fall weiter bei dem Musical mitsingen. Zusammen mit Frau Withake hat Lia überlegt, dass sie sich bei dem Lied neben Frau Withake stellt. „Weißt du Mama, Frau Withake ist ja Chefin, und da traut sich das schwarze Loch nicht dran." So kann Lia wunderbar doch noch weiter mitsingen.

Einige Wochen später sind wir in Kevelaer im Dom, und Lia möchte unbedingt auch eine Kerze anzünden. Ich frage: „Weißt du denn überhaupt, warum man die

Kerzen anzündet?" Lia schüttelt den Kopf. Ich erkläre ihr, dass man die Kerzen anzündet und Gott bittet, zum Beispiel auf einen lieben Menschen aufzupassen, ihn zu beschützen. „Aha", sagt sie, dreht sich um und schaut in die Kirchenbankreihen. „Dann wollen wir mal beten. Lieber Gott, danke, dass die Frau Withake so eine gute Beschützerin ist. Bitte mach, dass sie noch ganz viele Kinder beschützt und mich, tschüss, Lia."

Wir sind auf dem Campingplatz und spielen Kicker. Ein kleiner Junge stellt sich zu uns und sagt: „Ich heiße Ben und bin 5 Jahre alt. Ich komme aus Köln." Lia sieht den Jungen an und sagt: „Ach ja, und wie alt ist deine große Schwester?" Ein wenig Verzweiflung macht sich in Bens Gesicht breit, dann sagt er: „Ich habe gar keine große Schwester." Ben überlegt weiter. „Ich habe auch keinen Bruder." Wieder eine kurze Pause, dann sagt er: „Ich glaube, ich bin ein Einzelkind." Lia schaut Ben an, legt ihre Hand auf seine Schulter und sagt: „Ach, das ist doch nicht schlimm. Weißt du, ich bin auch ein Pflegel-kind."

Wir sitzen gemeinsam auf dem Sofa und schauen uns die Post und Zeugnisse aus der Schule an. Da die Kinder im zweiten Schuljahr noch keine Halbjahres-zeugnisse bekommen, schreibt die Klassenlehrerin den

Kindern eine Postkarte, die sie an dem Zeugnistag bekommen. Auf einer Karte steht „Liebe Lia, Du bist ein
Glücksfall für unsere Klasse." Lia sieht die Karte an und
ist sichtlich berührt. „Ich bin ein Glücksfall für die
Klasse", sagt sie zu mir. Ich sage: „Ja, das bist du wirklich,
und du bist ein Glücksfall für uns. Wir haben dich sehr
lieb und sind so froh, dass wir dich haben." Lia ist ganz
zufrieden und kuschelt sich an mich. Als ich sie dann
später ins Bett bringe, sagt sie zu mir: „Weißt du, Mama,
mit mir ist es wie mit meiner Frau Rackel." Ich frage
nach: „Was meinst du denn?" Lia antwortet: „Weißt du,
ich bin ein Glücksfall für meine Klasse und die Frau
Rackel ist ein Glücksfall für mich. Die Frau Rackel versteht mich einfach so. Die Frau Rackel weiß ja, dass
meine Geburtsmutter Wein getrunken hat, als ich im
Bauch war. Und der Wein, der ist mir doch dann auf
den Kopf geplatscht. Deshalb vergesse ich doch immer
so viel."

Wir sind auf dem Campingplatz und Lia spielt auf
dem Spielplatz. Nach einiger Zeit kommt sie zu unserem
Wohnwagen zurück, allerdings ohne ihre Brille. „Lia,
wo ist denn deine Brille?" Lia sieht uns an und sagt:
„Die ist jetzt mal auf Klassenfahrt, keine Ahnung, wann
sie zurückkommt." Wir haben die Brille nie wieder gefunden, vermutlich liegt sie im See.

Wir machen den Wohnwagen für den Urlaub fertig. Lia ist mit uns draußen und spielt, natürlich will sie auch helfen. Ich bin im Wohnwagen, als ich ein entsetztes „Das darf doch wohl nicht wahr sein!" von meinem Mann Carsten höre. Lia sagt: „Papa, das habe ich für dich gemacht, für dich ganz alleine." Ich gehe nachsehen. Lia steht mit einem Stein in der Hand neben unserem Auto. Sie hat ein Bild gemalt. Für Papa ganz allein. Leider auf unserem Auto, von der Motorhaube über den Kotflügel, die ganze Beifahrerseite bis zum Kofferraum.

Ich bin auf dem Friedhof und bepflanze das Grab von meinem Vater neu. Lia ist mit dabei und hilft mir. „Mama, warum sterben die Menschen?" Das ist ja eher eine der schwierigen Fragen. Ich will ihr keine Angst machen, aber natürlich gehört der Tod auch zum Leben, und deshalb versuche ich, es Lia zu erklären. „Weißt du, die Menschen sterben, weil sie manchmal sehr alt oder krank sind. Dann haben sie oft ganz schlimme Schmerzen, und es ist dann gut, dass sie sterben können. Dann tut ihnen nichts mehr weh." Lia scheint zufrieden mit der Antwort. Nach einiger Zeit fragt sie: „Mama, wie alt bist du denn?" Ich sage: „48." Darauf Lia: „Was, 48 Jahre? Alter, dann stirbst du ja schon bald!" Ich muss sehr erstaunt geschaut haben, denn Lia kommt zu mir, streichelt mich und sagt: „Ach, sei doch jetzt nicht traurig. Ich bringe dir dann auch Blumen auf den Friedhof."

Kindergarten

Lia ist zwei Jahre alt und zeigt immer mehr Auffälligkeiten. Da ich von Beruf Erzieherin bin, wird mir immer klarer, dass Lia nicht einfach so in den Kindergarten gehen kann.

Wir nehmen Kontakt zu Kinderarzt und Kindergarten auf, um eine Integrationskraft für Lia zu beantragen. Das ist etwas schwierig, denn Lia hat noch keine Diagnose, aber deutliche Defizite. Nur passt keine Diagnose so wirklich. Mal erscheint sie uns hyperaktiv, auch autistisch, ständig vergisst sie Dinge, kann nicht zwei Aufträge bewältigen, wie zum Beispiel: Geh in die Küche und hole einen Löffel.

Lia kann sich nicht alleine anziehen, Zähne putzen ... Sie kann kaum in Ruhe sitzen, ihre Sprache ist deutlich schlechter als die von Gleichaltrigen.

Mal wirkt sie wie ein zerstreuter Professor, dann erstaunt sie uns, weil sie Dinge macht, die wir nicht erwartet hätten und die Kinder erst in einem deutlich höheren Alter machen.

Hinzu kommt, dass sie extrem willensstark ist. Wenn alle in eine Richtung laufen, läuft Lia bestimmt in die andere Richtung. Das ganze Verhalten von Lia ist nicht wie das Verhalten von zweijährigen Kindern.

Wir stellen also einen Antrag für eine Integrationskraft im Kindergarten und bekommen sie genehmigt. Ab August wird Lia mit drei Jahren in den Kindergarten gehen. Sie braucht viel Unterstützung, um den Vormittag zu bewältigen. Sie benötigt noch immer eine Windel. Die ersten Wochen geht Lia nur für zwei Stunden in den Kindergarten, das reicht. Danach ist sie völlig fertig und müde.

Nach dem Kindergarten bekommt Lia regelmäßig Wutausbrüche, sie liegt oft schreiend im Flur. Verkantet sich zwischen dem Türrahmen und schlägt um sich. Ich darf sie in diesen Phasen nicht anfassen. Sie geht in ihre Höhle, die sie jetzt „Abschalter" nennt und trinkt dort eine Milchflasche.

Im Laufe der Zeit gewöhnt sich Lia immer besser im Kindergarten ein. Sie geht gerne, mag ihre Erzieherinnen. Es fällt ihr schwer, feste Freundschaften zu schließen, aber es gibt einige wenige Kinder, mit denen sie gerne zusammen ist.

Änderungen

Für Lia sind immer gleiche Tagesabläufe wichtig. Die festen Abläufe geben ihr Halt und Sicherheit. Änderungen sind für sie nicht nachvollziehbar und stellen den Tagesablauf völlig auf den Kopf. So kann eine neue Regelung zum Beispiel im Kindergarten Lias und unser Leben nachhaltig auf den Kopf stellen.

Ein Beispiel: Wir kommen morgens gut gelaunt im Kindergarten an. Lia möchte wie jeden Morgen auf den Bauteppich und mit den Magnetbausteinen spielen. Wir betreten die Gruppe, sagen freundlich „Guten Morgen" und Lia geht in Richtung Bauteppich. Hinter einem Spielzeugregal ruft eine Stimme hervor „Lia, komm mal erst zu mir. Es gibt eine neue Regel." Lia ist sichtlich verunsichert, geht aber brav zu der Erzieherin. Die Erzieherin schaut mich an, denn auch ich bin sichtlich irritiert. Sie sagt „Weißt du, wir haben uns etwas überlegt. Alle Kinder müssen ab sofort, wenn sie morgens kommen, erst einmal etwas am Tisch spielen." Es folgt offensichtlich nun ein Erklärungsversuch für mich. „Manche Kinder sind ja sonst den ganzen Tag nur in der Bau- oder Puppenecke, da bekommen wir ja dann gar nichts mehr von den Kindern mit." Die Erzieherin erklärt Lia die neue Regel, Lia nickt und geht auf den Bauteppich. Denn Regeln zu verstehen und Rituale plötzlich zu ändern, passt nicht in Lias Welt.

Eine laute, sehr hohe Stimme ruft: „Lia, ich habe dir doch gerade erklärt, dass du erst einmal etwas am Tisch spielen musst." Lia will aber auf den Bauteppich. Ich will das nicht mehr weiter mit ansehen.

Oft genug haben wir versucht, zu erklären, wie wichtig diese gleichen Abläufe für Lia sind. Dass sie ihr Sicherheit geben. Jetzt sollen die Erzieherinnen sehen, wie sie das hier hinkriegen. Ich gehe nach Hause mit leider dem festen Wissen, dass der restliche Tag nach dem Kindergarten zu 95 % eine Katastrophe wird. Und genau so war es. Lia hat die neue Kindergartenregel zwar hingenommen, aber leider den Sinn und Zweck nicht verstanden. Schon im Kindergarten mussten ihre Spielkameraden darunter leiden. Lia hat die Kinder gehauen, bespuckt, blutig gekratzt.

Mittags im Auto fängt dann der Wutausbruch an. Es muss keinen direkten Anlass geben, alles ist doof, Lia will nicht in den Kindersitz, das geparkte Auto soll da nicht stehen und als dann auch noch ein Bus hinter uns herfährt, ist das Drama perfekt. „Der Bus soll da nicht fahren. Der Busfahrer ist doof. Ich will hier raus. Die Frau auf dem Bürgersteig ist doof. Die soll da weg. … Ich will hier raus!" Lia wird immer lauter, es ist fast nicht auszuhalten. „Lass mich raus! Ich will nicht Auto fahren!" Lia will aus dem Kindersitz, sie sträubt sich mit allem, was ihr an Kraft gegeben ist, fast stranguliert sie sich.

Als wir dann endlich zu Hause ankommen – es ist mir wie eine Ewigkeit vorkommen – geht es erst richtig los. „Ich will nicht aussteigen. Ich will fahren. Ich will Auto fahren. Zu Hause ist es doof! Ich will nicht rein. Lass mich."

Alles Reden nützt nichts. Lia verkantet sich im Auto, schlägt um sich. Schlägt mit dem Kopf gegen alles, was sich ihr bietet. Ich kann nur noch versuchen, sie vor sich selbst zu schützen.

Nach langem Kampf trage ich Lia ins Haus, dort geht es nahtlos weiter. Ich trage Lia auf's Sofa. Sie lässt sich einfach runterfallen, zieht sich unter den Couchtisch, tritt mit den Beinen gegen den Tisch, hält sich an den Tischbeinen fest. Der Kopf kommt immer wieder nach oben und schlägt gegen die Tischplatte. Lia schreit, sie schreit und schreit! Ich habe das Gefühl, dass es niemals aufhört. Ich kann sie so nicht alleine liegen lassen, denn sie versucht, sich zu verletzen, was ihr auch gelingt.

Ich lege mich mit Abstand zu ihr auf den Boden und versuche, sie zu berühren. Lia wehrt sich, sie schreit „Geh weg! Geh weg, Mama, ich hasse dich, ich hasse alle, auch die ganze Welt!"

Das tut so weh, diese pure Verzweiflung ist kaum noch auszuhalten. Ich bleibe bei Lia, rede ganz ruhig mit ihr, versuche sie zu berühren. „Ich kann dich erst alleine lassen, wenn es dir etwas besser geht. Wenn du da unten mal wieder raus kommst und dich etwas beruhigt hast."

Lia schreit weiter, aber sie wird etwas ruhiger. Sie sieht total müde und fertig aus. Nach einigen Minuten darf ich ihre Hand berühren, aber nicht halten. Nach weiteren Minuten gelingt es mir, Lia unter dem Tisch hervor zu holen. Ich setze sie auf's Sofa. Lia ist völlig fertig, schluchzt laut und spricht kein Wort. Ich bleibe bei ihr, sitze neben ihr und sage „Alles ist gut. Ich bin da. Ich habe dich lieb."

Lia schluchzt weiter, kann mich aber ansehen. Als sie dann deutlich ruhiger geworden ist, mache ich ihr eine Milchflasche. Ich baue die Höhle, ihren Abschalter, und Lia krabbelt hinein. Ich bleibe neben der Höhle sitzen und weine leise für mich.

Das ist nur ein Beispiel für das, was passiert, wenn der Alltag von Lia plötzlich verändert ist. Solche Situationen kommen ständig vor und bestimmen unser Leben.

Lia wird älter, der Kindergarten wird fast zu einem sicheren Ort und mittlerweile geht Lia gerne in den Kindergarten. Sie mag ihre Integrationskraft.

Nach einem Jahr erzählt mir die Integrationskraft, dass sie im Kindergarten aufhören und noch mal etwas Neues anfangen will. Nein, das jetzt bitte nicht! Gerade hat sich Lia an alles gewöhnt, hat ihre „I-Kraft" samt Lebenspartner ins Herz geschlossen – und jetzt geht sie. Was wird das für uns heißen? Wieder Wutausbrüche? Wird Lia überhaupt noch in den Kindergarten gehen wollen? Leider hat uns diese Botschaft sehr kurzfristig erreicht, es bleibt kaum Zeit, Lia das zu erklären. Und wer als neue I-Kraft kommt, weiß auch noch niemand.

Der Kindergarten gibt sich wirklich Mühe, eine gute Lösung für Lia zu finden, kommt aber natürlich auch an seine Grenzen. Denn eine Lia neben 24 anderen Kindern zu betreuen, ist fast unmöglich. Aber wir bekommen dann doch recht schnell eine neue Integrationskraft. Sie kommt frisch von der Schule und hat vor wenigen Wochen die Ausbildung als Heilerzieherin abgeschlossen. Natürlich ist sie noch unerfahren, hat aber die „alten Hasen" an ihrer Seite – und was das Allerwichtigste ist: Sie und Lia mögen sich auf Anhieb, – was für eine Erleichterung!

Schulpflicht

Lia geht schon seit drei Jahren in den Kindergarten. Es steht nun die Einschulung an. Natürlich ist uns klar, dass Lia noch überhaupt nicht schulreif ist. Sie kann sich nicht alleine anziehen, braucht manchmal noch eine Windel. Wir möchten, dass Lia ein Jahr länger im Kindergarten bleibt und beginnen Anträge zu stellen.

Der Kindergarten befürwortet unser Vorhaben und unterstützt uns. Wir müssen Lia aber trotzdem in einer Schule anmelden. Erst nach der Anmeldung darf man einen Antrag auf Rückstufung stellen. Wir hören uns um, in welcher Schule dies vielleicht etwas einfacher gehen könnte. Als Schwierigkeit kommt hinzu, dass der Antrag auch abgelehnt werden kann. Also müssen wir gut überlegen und pokern!

Private Schule

Wir entscheiden uns für die Anmeldung in einer privaten christlichen Schule, um die Möglichkeit einer Rückstellung zu erhöhen.

Vor der Anmeldung dürfen wir an einem Vormittag für eine Stunde hospitieren. Wir betreten die Schule und ich dachte, es erschlägt mich gleich. Große christliche Sprüche, soweit das Auge sehen kann, zieren die Wand. Unbehagen macht sich in mir breit, aber wenn die Pädagogik stimmt, dann muss ich das wohl in Kauf nehmen. Auf einem Elternabend von unserem Pflegekinderdienst haben verschiedene Eltern die Schule hoch gelobt.

Wir werden von einer freundlichen Lehrerin empfangen und mit in eine Klasse genommen. Der Unterricht ist unspektakulär bis zu dem Zeitpunkt als sich alle im Morgenkreis versammeln. Der Morgenkreis beginnt mit einem Gebet der Lehrerin. Lang und sehr ausführlich. Dann folgt eine schreckliche biblische Geschichte, die vorgelesen wird. Eine Geschichte, die wir niemals Kindern erzählen würden. Von Strafe und so. Nachfragen der Kinder sind unangebracht und vor allem unerwünscht. Aber diese Geschichte hat später noch ihr Gutes!

Nun kommt ein recht spannender Teil: Es werden Gebetsanliegen gesammelt. Die Kinder dürfen sagen, für wen oder was sie beten wollen. Die Anliegen werden von der Lehrerin sofort in „gutes Anliegen" und „Das ist aber jetzt nicht so wichtig. Überlege bitte noch mal." eingeteilt.

Dann soll gebetet werden. Es werden freiwillige Kinder gesucht. Als sich noch nicht genug gemeldet haben, werden einige Kinder aufgefordert zu beten, denn sie haben sich schon so lange nicht mehr gemeldet: „Und du hast Gott doch bestimmt auch was zu sagen."

Wir verlassen die Schule. Wir sind ganz durcheinander, wissen aber: Da wird Lia nicht hingehen. „Wenn mein Freund Arno das hier gesehen hätte und wüsste, dass wir unser Kind hier hinschicken, der redet nie wieder ein Wort mit mir."

Wir haben Lia trotzdem an der Schule angemeldet, denn der Direktor kennt Leute auf dem Amt und er vertritt unsere Meinung, dass Lia nicht schulreif ist. Der Direktor verspricht, uns bei dem Antrag auf Rückstufung zu unterstützen.

Carsten lässt die gehörte biblische Geschichte nicht in Ruhe. Aus was für einer Bibel wurde die gelesen, jedenfalls keine Kinderbibel. Und die Tatsache, dass die Kinder auch überhaupt keine Fragen zu der Geschichte stellen dürfen, erscheint ihm mehr als merkwürdig. Aber bei allen Zweifeln und Fragen ist dies der Anfang von einem wunderbaren Ende, für das wir heute mehr als dankbar sind.

Carsten arbeitet in einer Beratungsstelle und gleich neben seiner Arbeitsstelle ist die Schulberatung des Kirchenkreises. Carsten geht zu der dort zuständigen

Pfarrerin und will mit ihr über das, was er in der Schule erlebt hat, reden. Im Flur trifft er ganz unerwartet eine gute alte Bekannte, Anna, mit der wir vor vielen Jahren gemeinsam Kinder- und Jugendarbeit gemacht haben. Beide freuen sich, sich zu sehen, und erzählen, was sie so in den letzten Jahren gemacht haben. Carsten erzählt von Lia, von unserem Hospitationstag in der Schule und auch, dass wir überhaupt nicht wissen, auf welche Schule wir Lia mal schicken werden.

Anna erzählt, dass sie Direktorin einer Grundschule ist, die nach der Montessori-Pädagogik arbeitet. Sie haben auch Erfahrung mit Kindern mit FASD. Wenn wir Lust haben, können wir gerne hospitieren. Es ist ja noch genug Zeit, um die nötigen Anträge zu stellen. Telefonnummern werden ausgetauscht und wir hatten plötzlich eine neue Perspektive.

Glückaufschule

Wir müssen gar nicht lang überlegen. Wir vereinbaren einen Termin und können schon recht schnell mit Lia an einer Schulstunde teilnehmen. Nach der Stunde sagt Anna zu uns „Überlegt es euch in Ruhe, Lia kann gerne hier auf die Schule kommen. Ich habe sogar schon eine tolle Frau vor Augen, die Integrationskraft bei Lia werden könnte. Die gibt im nächsten Jahr ihr I-Kind ab. Das würde passen. Ich kann das schon mal vorsichtig in Angriff nehmen."

Ich sage noch einmal: „Lia ist nicht immer so ruhig, die kann auch deutlich anders." Carsten wirft noch ein: „Lia ist halt sehr speziell, man kann das gar nicht richtig beschreiben." Anna sieht uns an und antwortet: „Wisst ihr, wir haben hier 200 spezielle Kinder." Irgendwie ist mit diesem Satz für mich alles klar, offensichtlich sieht man hier jedes einzelne Kind.

Das letzte Kindergartenjahr

Da unser Schulproblem sich nun offensichtlich gelöst hat, freuen wir uns, dass Lia noch ein weiteres Jahr im Kindergarten bleibt und sich dort weiter entwickeln darf.

Carsten beschäftigt sich viel mit der Gesetzeslage. Was steht einem Kind zu? Welche Gelder kann man wo beantragen? Für Kinder mit Alkoholsyndrom gelten oft noch andere Gesetze und so stellt er fest, dass wir anders, als wir es bis hierhin wissen, auch weiterhin eine volle Integrationskraft für Lia beantragen können. „Das ist doch super", denken wir, – der Kostenträger lehnt den Antrag aber ab. Der Kindergarten versucht uns zu beruhigen: „Wir haben ja ein paar Personalstunden für Integration. Ihr braucht keine Angst zu haben, dass Lia zu kurz kommt. Das wird sie nicht, da passen wir schon auf."

Wir versuchen, noch mehrmals zu erklären, dass Lia viele Dinge einfach von jetzt auf gleich nicht kann und dass sie das auch nicht lernen wird. Dass sie zum Beispiel verrückt wird, wenn sie inmitten einer Gruppe zu zweit an der Hand gehen muss. Da lächelt uns die Erzieherin freundlich an und sagt: „Auch das wird sie dann bestimmt lernen. Lia ist ja schon jetzt ein altes Vorschulkind."

Wir kommen zu dem Entschluss, dass es zwecklos ist. Hier ist so viel Berufserfahrung am Start, da ist für Argumente einfach kein Platz. Dann müssen sie und wir halt sehen, wie sie klar kommen.

Die ersten Vorschulkindertage kommen und somit auch die ersten Probleme. An einem Waldtag will Lia das Kind Y nicht anfassen und in der Gruppe mitgehen. Sie will vorne alleine gehen. Mittags werde ich dann von der Erzieherin mit den Worten begrüßt. „Das war aber heute schwierig mit Lia. Sie war so bockig und wollte Y nicht anfassen. Dann hat sie sich ganz verweigert. Ich habe ihr gesagt, dass sie beim nächsten Mal nicht mit in den Wald darf, wenn sie wieder so ein Theater macht."

Zu Lia gerichtet sagt sie dann noch: „Weißt du, Lia, ihr seid ja jetzt die großen Vorschulkinder. Da kannst du nicht mehr so ein Theater machen. Ihr seid ja jetzt die Vorbilder für die kleinen Kinder. Wenn du immer so ein Theater machst und zickig bist, dann lernen die kleinen Kinder ja gar nicht, wie das richtig geht."

Ich koche innerlich vor Wut, will aber vor den anderen Eltern und vor allem vor den Kindern kein „Fass" aufmachen. Ich antworte extrem freundlich: „Genau aus diesem Grund wollten wir weiterhin eine Integrationskraft für Lia haben. Sie kann nicht inmitten der Gruppe mitlaufen, da wird sie vollkommen verrückt." „So geht das aber nicht. Es wollen ja alle Kinder mal vorne gehen", sagt die Erzieherin. „Wir haben nicht genug Personal, um immer eine Erzieherin nur für Lia mitzuschicken. Notfalls kann sie dann halt nicht mitgehen."

Na super, hat doch geklappt. Also biete ich an, dass ich mitgehe, wenn das Personal mal wieder knapp ist. Kaum bin ich aus der Tür, ärgere ich mir auch schon ein Loch in den Bauch.

Natürlich lässt der Tag, an dem ich einen Ausflug begleiten soll, nicht lange auf sich warten. Die Kinder dürfen die Hauptfeuerwache besuchen, es soll mit dem Bus dorthin gefahren werden.

Ich komme pünktlich mit Lia im Kindergarten an. Es stellt sich heraus, dass sich eine neue junge Erzieherin, die die Kinder noch nicht so gut kennt, eine weitere Erzieherin und ich mit 20 Kindern plus Lia auf den Weg machen. Als wir an der Feuerwache ankommen, stehe ich recht schnell mit der neuen Kollegin und allen Kindern allein im Vorraum der Wache.

Die andere Erzieherin ist erstmal eine Zigarette rauchen gegangen! Ziemlich blöd ist, dass wir überhaupt keine Ahnung haben, was abgesprochen ist. Ich bin ja nur zur Aufsicht von Lia mit und die junge Erzieherin kommt leider auch aus dem „Tal der Ahnungslosen".

Ich beschließe, ohne die abwesende Erzieherin anzufangen, da alle Kinder unruhig werden. Im Laufe des Ausflugs wiederholt sich diese Situation noch zweimal.

Im Kindergarten angekommen spreche ich mit der Leitung. Ich sage ihr, dass ich gerne bereit bin, für Lia mitzukommen. Aber ich bin nicht bereit, die Eskapaden der Kolleginnen zu unterstützen. Ansonsten verläuft das letzte Kindergartenjahr recht ruhig.

Schule

Lia wird eingeschult. Wie kann es auch anders sein, sie will nicht in die Schule. Obwohl sie schon mehrmals in der Schule einen Schnuppertag hatte, ihr Lehrerin, Integrationskraft und ein Teil der Kinder schon bekannt sind. An diesem Morgen spüre ich deutlich ihre Unsicherheit, die wahrscheinlich meine Unsicherheit teilweise widerspiegelt. Was, wenn es nicht klappt, Lia ausflippt, Wutattacken bekommt?

Wir schaffen es aber dann doch und kommen pünktlich in der Schule zur Einschulungsfeier an. Auf dem Schulhof erwartet uns schon Katharina, die neue Integrationskraft. Lia freut sich, Katharina zu sehen, lässt uns stehen und rennt zu ihr. Es klingt jetzt vielleicht komisch, aber ich bin froh, dass Lia uns stehen lässt. Denn so weiß ich sofort, Lia vertraut Katharina und die beiden mögen sich offensichtlich, was ein wichtiger Punkt für die weitere Zeit sein kann.

Die ersten Wochen laufen prima, Lia geht gerne in die Schule und hat sogar auch schon Kinder gefunden, mit denen sie spielt. Sie liebt ihre Klassenlehrerin Frau Rackel, die zu einer wichtigen Bezugsperson wird. Lia liebt es, Hausaufgaben zu machen, sogar sonntags steht Lia auf und fragt als erstes: „Darf ich heute Hausaufgaben machen?" Wir freuen uns über den guten Schulstart, wissen aber auch, dass diese Phase nicht mehr allzu lange anhalten wird.

Lia ist nun schon einige Monate in der Schule, bisher läuft es weiterhin gut. Zumindest bekommen wir noch keine katastrophalen Nachrichten. Lia erzählt immer öfter von einem Mädchen, mit dem sie spielt, es scheint schon fast eine Freundin zu sein. Eines Tages passiert dann eine für uns typische Situation, für die Schulkinder und Lehrer war es aber etwas Neues.

Lia erschreckt sich, weil ihre Freundin fällt

Nach der Pause laufen die Kinder in ihre Klassen. Lia und ihre Freundin sind auf der Treppe, als die Freundin an einer Stufe abrutscht und die Treppe hoch fällt. Das Mädchen weint. Lia erschreckt sich, holt aus und gibt ihrer Freundin eine ordentliche Backpfeife. Alle Kinder sind entsetzt. Katharina versucht, mit Lia zu reden, Frau Rackel kommt hinzu. Aber keiner kommt mehr bei Lia durch. Lia sagt nur: „Ja, wenn die auch so schreit."

Als ich Lia mittags auf dem Schulhof abhole, sehe ich schon: Der Tag ist nicht so ganz gut gelaufen. Lia kommt mir entgegen gestampft, „Komm jetzt, Mama!", war alles, was sie sagt. Katharina erzählt mir noch kurz auf dem Weg zum Auto, was passiert ist. Wir fahren nach Hause und ich weiß nun schon genau, dieser Tag wird mal wieder besonders enden.

Als wir zu Hause ankommen ist alles doof, die Jacke, die sie nicht sofort ausgezogen bekommt, wirft sie auf die Straße, ihre Schuhe gleich hinterher, ich kann noch vermeiden, dass der Schulranzen auch auf die Straße fliegt. Ich ziehe Lia erst einmal von der Haustür weg und schließe die Türe ab. Während ich abschließe, höre ich hinter mir die nächsten Sachen fallen, jetzt heißt es erst einmal Schadensbegrenzung und Lia beruhigen. Lia scheint außer sich vor Wut zu sein, ich habe fast keine Chance in ihre Nähe zu kommen. Ich weiß, dass reden nun nichts bringt, es würde gar kein Wort bei Lia ankommen.

Also muss ich es erst einmal aushalten. Ich sehe, dass ihre eben noch angenommene Wut keine Wut ist. Es ist pure Verzweiflung! Aber ich kann nichts machen, außer darauf zu achten, dass Lia sich nicht verletzt und dass nicht allzu viel kaputt gehen wird. Ich versuche, immer mal wieder, mich an Lia anzunähern. Aber es geht nicht. Einer der Versuche hat eine blutige Kratzspur auf meinem Arm hinterlassen.

Erst nach gut 30 Minuten wird Lia ruhiger und ich kann mich neben sie setzen. Lia schluchzt, ich halte ihre Hand und sage: „Es ist gut, alles ist gut. Ich bin da." Wir sitzen auf dem Sofa. Lia schluchzt, ist völlig fertig. Ich weine innerlich und bin nicht weniger fertig. Wir lassen erst einmal wieder etwas Ruhe und Normalität einkehren. Später erzählt mir Lia, was passiert ist. „Ich habe mich so erschreckt", sagt sie. Natürlich habe ich ihr noch einmal erklärt, dass sich ihre Freundin sehr weh getan hat. Dass man sich dann eigentlich um die Freundin kümmert, statt ihr eine zu hauen. „Das weiß ich doch Mama. Aber die P. soll auch nicht so schreien und mich erschrecken."

Abends ist Lia dann noch mal ganz verzweifelt. Ihr ist bewusst geworden, dass es nicht richtig war, P. zu schlagen und ihr ist eingefallen, wie entsetzt und wütend die anderen Kinder auf sie waren, als sie P. gehauen hat. Ihr ist auch eingefallen, dass sie sich bisher noch nicht entschuldigt hat. „Ich kann nie wieder in diese Schule gehen", sagt sie und ich kann schon wieder die Verzweiflung hören.

Am nächsten Morgen tut Lia alles dafür, nicht in die Schule gehen zu können. Uns ist klar, Lia muss in jedem Fall in die Schule gehen und es muss dort geklärt werden. Während Carsten eine sich sträubende Lia zur Schule bringt, rufe ich in der Schule an, um alle ins Bild zu setzen. Während ich mit Frau Rackel telefoniere, geschieht etwas, was wir bisher noch nicht erlebt haben. Frau Rackel hört sich alles an, sagt dann: „Ich weiß, dass sich Lia in der Situation nicht entschuldigen kann. Ich werde das gleich noch mal mit ihr besprechen. Und wir werden das auch im Klassenrat mit den Kindern besprechen. Natürlich soll sich Lia entschuldigen, aber erst, wenn sie es kann. Die Kinder können ruhig lernen, dass es andere Kinder gibt, die es nicht immer so leicht im Leben haben. Kinder, die gewisse Dinge nicht können und etwas mehr Zeit brauchen. Das kriegen wir bestimmt hin und Lia braucht keine Angst zu haben, dass sie jetzt alle doof finden."

Nachdem wir das Gespräch beendet haben, schießen mir drei Dinge durch den Kopf.

- Das sind ja hier ganz neue Töne für uns: *Wir alle müssen das lernen.* Und nicht: *Lia muss das lernen.*
- Diese Klassenlehrerin ist ein echter Segen für uns.
- Wie gut, dass wir hier gelandet sind!

Das schwarze Loch

An unserer Schule dürfen die Kinder an einer selbst gewählten AG teilnehmen. Lia hat unter anderem die Musical AG gewählt. Das Musical „Leben im All" wird eingeübt und aufgeführt. Lia erzählt uns fröhlich von der AG. Auch ihre Freundin P. nimmt an der AG teil. Die Kinder haben eine CD mit den Liedern bekommen, und Lia übt fleißig.

Ein paar Wochen später versteckt Lia die CD. Sie sagt, dass sie die Lieder jetzt nicht mehr hören will.

Als ich Lia nach einer Probe in der Schule abhole, erzählt mir Katharina, dass Lia heute überhaupt nicht bereit war, in der AG mitzumachen. Sie weigert sich, überhaupt mit in den Raum zu gehen, hat sich in ihrer Klasse versteckt, liegt unter einer Bank und ist nicht bereit, da wieder raus zu kommen. Lia ist sauer und sagt nur: „Das Musical ist doof!" Und geht.

Zu Hause ist Lia zwar sauer, aber sie hat keinen Wutausbruch. Über das Musical und was da plötzlich so doof ist, will sie aber nicht sprechen. Während der Hausaufgaben sagt Lia plötzlich: „Lied 6 ist doof, das will ich nicht hören. Da sind immer so viele Kinder, die schreien bei dem Lied". Ich frage nach, was denn an dem Lied doof ist. Lia hält sich die Ohren zu und sagt: „Ich will das nie wieder hören."

Später höre ich mir das Lied Nr. 6 auf der CD ohne Lia an. Es geht um das schwarze Loch, das die Sterne verschluckt. Ich rede noch mal mit Lia. Es stellt sich heraus, dass sie richtig Angst vor dem Lied hat. Der Junge, der die Rolle vom schwarzen Loch spielt, macht seine Sache offensichtlich mehr als gut.

Ich rufe also am nächsten Tag wieder in der Schule an und erkläre, warum Lia nicht mehr in die AG möchte. Die Direktorin Frau Withake sagt: „Ach, das kriegen wir doch hin. Natürlich soll Lia weitermachen. Wir üben das Lied jetzt immer zuerst. Lia kann einfach zehn Minuten länger mit Katharina auf dem Schulhof Pause machen. Für die Aufführung fällt uns dann bestimmt auch etwas ein. Lia kann sonst auch auf dem Flur bleiben und erst einmal zuhören. Wir lassen dann einfach die Türe auf und wenn Lia dazu kommen kann und will, kommt sie einfach rein. Das ist alles kein Problem, das kriegen wir hin." Und in der Tat, es ist mal wieder kein Problem. Die Schule stellt sich auch jetzt wieder auf Lia ein, somit kann sie weiterhin teilnehmen.

Die Aufführung des Musicals steht an. Wir müssen nun eine Lösung für unser mittlerweile nur noch „Schwarzes Loch-Problem" finden. Wie es für Lia typisch ist, findet sie ihre ganz eigenen Lösungen: „Ich könnte ja vielleicht die Hand von Frau Withake halten, Mama. Frau Withake ist ja die Chefin, Mama. An eine Chefin traut sich das schwarze Loch nicht ran."

Mir kommen Bedenken, denn aus unserer Erfahrung mit dem Kindergarten wird das nun doch viel zu weit führen. Ich werde aber eines Besseren belehrt, als ich mit Frau Withake spreche. „Ja, das ist doch eine super Idee. Lia, wenn das Lied kommt, dann kommst du ganz schnell zu mir und ich halte deine Hand."

Und genauso wird es gemacht. Allerdings hält Lia nicht die Hand von Frau Withake, sondern steckt ihre kleine Hand in die Hosentasche von Frau Withake. So kann Frau Withake den Chor dirigieren und bei Gelegenheit legt sie ihren Arm um Lia. Das ist wieder einer der Momente, in denen mir klar wird: Manchmal bekommt man Engel mit auf den Weg, die es dir dann leicht machen.

Neue I-Kraft Elena

Natürlich läuft auch in der Schule nicht immer alles nur super. So müssen wir leider schon nach relativ kurzer Zeit die heißgeliebte I-Kraft Katharina abgeben. Sie hat eine Vollzeitstelle bekommen und hat diese verständlicherweise auch angetreten. Schade, denn es lief gerade so gut.

Eine neue I-Kraft wird gesucht. Da Lia aber eine Fachkraft benötigt, ist die Auswahl sehr gering. Aber es soll doch schon recht bald jemand gefunden werden. Elena ist gerade mit ihrer Ausbildung fertig geworden. Nach kurzem aneinander Gewöhnen läuft es wieder. Lia mag Elena. Leider ist auch das nicht von langer Dauer, denn auch Elena bekommt schon bald eine andere Stelle angeboten und verlässt die Schule.

Allen I-Kräften geben wir stets eine vollständige „Kurzeinführung" zu Lia. Dass man gut aufpassen muss: „Sie ist schnell fort." Egal, was passiert: „Niemals gegen ihren Willen anfassen." Schimpfen und Loben funktionieren nicht. Man braucht sehr viel Geduld.

Erneut geht die Suche los. Für Lia wird diese Situation sehr schwierig. Sie braucht Sicherheit, die beiden Wechsel geben ihr aber leider genau das Gegenteil.

Gott sei Dank ist Frau Rackel da, die sich liebevoll um Lia kümmert. Sie wird zu einer immer wichtigeren Bezugsperson, bei ihr fühlt sich Lia sicher. Wenn Frau Rackel nicht im Unterricht ist, bekommt Lia Angst.

Neue I-Kraft Vivien

Die nächste I-Kraft kommt. Vivien, eine Grundschullehrerin aus Ungarn. Zunächst müssen sich die beiden aneinander gewöhnen, aber ich merke schnell zu Hause, dass es diesmal deutlich schwieriger als bisher ist.

Die beiden brauchen Zeit und Lia fällt es schwer, sich auf Vivien einzulassen. Vielleicht hat sie Angst, dass Vivien auch wieder geht, denke ich. An einem Tag kommt Lia aus der Schule und hat ein Kuscheltier in der Hand. „Das hat mir Vivien geschenkt." Ich frage bei Vivien nach.

Vivien bestätigt mir, dass sie Lia das Kuscheltier geschenkt hat und erzählt, dass sie Lia versprochen hat, ihr immer nach einem guten Tag etwas zu schenken. Ich sage Vivien, dass ich das nicht möchte, was Vivien aber leider nicht befolgt.

Denn was wir mittlerweile auch wissen: FASD-Kinder lernen nichts durch Belohnung. Diese klassische Konditionierung funktioniert nicht.

Ein paar Tage später hole ich Lia in der Schule ab. Vivien steht sichtlich verzweifelt auf dem Schulhof. Sie sagt: „Lia hört überhaupt nicht auf mich. Auch nicht, wenn ich ihr etwas schenke. Vielleicht ist es ja gut, wenn Lia Angst vor mir hat, dann hört sie vielleicht auf mich."

Ich bin entsetzt, sage ihr, dass das nun ganz bestimmt nicht die richtige Lösung ist. Noch einmal erkläre ich Vivien, dass Lia Klarheit und einen festen Halt braucht.

Außerdem erinnere ich sie an unser letztes Gespräch, in dem ich ihr erklärt habe, dass Lia durch Geschenke nichts lernt und sich ihr Verhalten auch nicht nachhaltig verändert.

Wenige Tage später geht morgens um 7.50 Uhr mein Telefon. Vivien ruft an. Sie sagt mir, dass sie nicht mehr weiter macht. „Ich habe Lia nun vom Parkplatz bis in die Klasse hinter mir hergezogen und jetzt gehe ich nach Hause."

Ich weiß gar nicht, ob ich nur entsetzt oder auch stinksauer bin. „Du kannst doch jetzt nicht einfach nach Hause fahren!"

„Doch, ich habe die jetzt da oben hingezogen. Die liegt jetzt heulend auf der Erde. Aber ich mache das nicht mehr weiter. Lia sollte mir anständig Guten Morgen sagen und mit mir an der Hand zur Schule gehen. Aber die hat nur gebockt. Da habe ich sie einfach hinter mir hergezogen. Jetzt gehe ich."

Ich rufe in der Schule an. Natürlich sind alle im Unterricht. Die Sekretärin will gleich mal nachschauen und sich wieder melden. Wenig später geht das Telefon und Frau Rackel ist am Apparat. Sie hatte sich schon um Lia gekümmert. „Lia geht es jetzt wieder recht gut, ich schaue nach ihr. Das kriegen wir wieder hin." Ich bin beruhigt, denn ich weiß, wenn Lia jetzt bei Frau Rackel ist, wird sich gekümmert und alles getan, damit es Lia wieder gut geht.

Ohne I-Kraft

Wieder geht die Suche nach einer neuen I-Kraft los. Langsam fangen wir an, zu zweifeln, dass Lia wirklich in einer Regelschule sein kann. Oder haben wir zu große Ansprüche? In jedem Fall kann es für alle Beteiligten so nicht weitergehen.

Die Schule entscheidet, dass es jetzt erst einmal ohne I-Kraft weitergeht. Für Lia wird alles getan, damit es ihr gut geht. Andere I-Kräfte, die Lia aus der Klasse kennt, übernehmen nun wechselweise Lia. Wir suchen in Ruhe weiter nach einer neuen Kraft.

Ein paar Tage später will ich Lia von der Schule abholen. Ich weiß, dass an dem Tag Alina mit nach Lia sehen soll und Frau Rackel zu einer Fortbildung ist. Alina kennt Lia gut. Lia hat sie gerne und sie hat schon öfter den Babysitterdienst bei uns übernommen. Ich fahre mit einem guten Gefühl zur Schule, um Lia abzuholen.

Kaum bin ich auf dem Schulhof angekommen, wird die Turnhallentür aufgemacht. Eine mir fremde Frau steckt den Kopf aus der Tür und fragt: „Frau Stolz?" Ich sage. „Ja." Die Frau schaut mich an und sagt: „Mitkommen, es gibt Probleme."

Ich bin irritiert, wer ist diese Frau überhaupt und was ist da los? Ich gehe in die Halle. Aus der Umkleidekabine höre ich schon Lia weinen. Ich gehe hinter der Frau her. Lia kauert in der Ecke und weint. Sie sieht die Frau und ruft: „Geh weg, du sollst weggehen!"

Ich gehe zu Lia, sie ist so verzweifelt, dass ich aufpassen muss, nicht gleich mit zu weinen. Die Frau erzählt mir, dass Lia total bockig ist und sich nicht umziehen wollte. Ich kümmere mich erst einmal um Lia.

Als sich Lia etwas beruhigt hat, frage ich, wo denn Alina ist. Sie soll sich doch eigentlich um Lia kümmern. Die Frau sagt mir, dass sie an dem Tag zum hospitieren an der Schule ist, um eventuell eine Krankheitsvertretung bei einem anderen Kind zu übernehmen. Sie hätte ja in dem Fall kein Kind zur Betreuung gehabt. Aus diesem Grund habe sie Alina zu ihrem Kind geschickt und Lia übernommen.

Ich sage ihr, dass das aber anders abgesprochen sei. Die Frau ist wenig einsichtig und gibt mir zur Antwort: „Das kann sein, aber das ist ja nun mal Quatsch, wenn Alina zwei Kinder betreut und ich nur zusehen soll." Ich antworte besser nicht, denn es könnte unfreundlich werden. Also kümmere ich mich weiter um mein Kind, die anderen Kinder kommen mittlerweile vom Sportunterricht zurück und ziehen sich um. Lia ist noch immer völlig fertig. Ich bekomme sie noch nicht umgezogen. Nach einiger Zeit kommt die Lehrerin in den Raum, sieht mich an und sagt: „Da war heute einfach nichts zu machen. Lia, du musst aber jetzt mal vorwärtsmachen. Ich will die Halle abschließen!"

Ich will jetzt nichts mehr sagen, packe Lias Kleider ein und trage sie zum Auto. Der Rest des Tages ist dann von Wutausbrüchen, Lia eng in eine Decke einwickeln und telefonieren mit Frau Rackel geprägt.

Wir einigen uns darauf, dass Frau Rackel Lia noch mehr im Blick behält, als sie es eh schon macht und wir weiter nach einer liebevollen I-Kraft suchen.

Lia ist in dieser Zeit oft sehr deprimiert. Häufig sagt sie: „Ich bin ein Versager, Mama." Das sind jetzt ganz neue Töne, ich frage irritiert nach. „Warum glaubst du denn, ein Versager zu sein?" Lia erzählt mir: „Das hat die Vivien zu mir gesagt, wenn ich nicht mehr arbeiten wollte. Vivien hat dann immer zu mir gesagt: ‚Du willst doch nicht, dass Frau Rackel denkt, dass wir versagen, nur weil du so bockig bist?'"

Neue I-Kraft Marion

Es kam die nächste I-Kraft, Marion. Eine junge Mutter, die eine Beschäftigung sucht. Ihre Kinder sind nun im Kindergarten. Marion kommt uns – zusammen mit Frau Talkötter (Einsatzleitung der Schulbegleiter) – zu Hause besuchen. Lia soll die neue mögliche I-Kraft erst einmal in gewohnter Umgebung kennenlernen.

Marion hat bisher noch nie in diesem Bereich gearbeitet, bis zur Geburt ihrer Kinder war sie in der Gastronomie tätig. Frau Talkötter sagt zu uns: „Marion hat ja auch zwei Kinder. Ihr Bruder arbeitet an einer Grundschule und ihre Tante ist Ergotherapeutin. Ich denke, wir können hier doch schon fast von einer Fachkraft reden". Ich muss schmunzeln und sage zu Frau Talkötter: „Wissen Sie, mein Vater war Krankenpfleger auf der Urologie und mein Bruder ist Altenpfleger. Wenn Sie mal einen Katheter brauchen, sagen Sie mir Bescheid. Ich bin dann offensichtlich auch schon fast Fachkraft in der Pflege." Der Witz kommt nur mittelmäßig an.

Wir erklären Marion, was Lia für eine Behinderung hat, und was unter Umständen alles auf sie zukommen kann. Marion ist wenig beeindruckt und das, obwohl wir ihr wirklich teilweise die schlimmsten Schilderungen machen. „Ich wüsste keine Situation, der ich nicht gewachsen bin." Ich antworte: „Das habe ich auch lange Zeit gedacht, aber ich garantiere ihnen, mit Lia ist es anders. Obwohl sie nun schon seit Jahren bei uns lebt, kommen wir auch oft an unsere Grenzen." „Ja, so ist das nun mal bei Kindern", erwiderte Marion „Wenn bei meinen Kindern an einem Tag mal alles schwierig war, weine ich halt abends auf dem Sofa, wenn die Kinder schlafen." – Manch einer muss scheinbar erst einmal Lehrgeld zahlen.

Da Marion gerade die einzige Möglichkeit ist und alle anderen Beteiligten, auch Carsten, der Meinung sind, wir sollen es versuchen, gebe ich mich mit Bauchschmerzen geschlagen. In den folgenden Wochen wird es turbulent. Ich spüre, dass Lia einfach der Halt fehlt. Aber es kann ja noch werden.

Leider wird es nichts. Mittags, wenn ich Lia abhole,

kann ich schon an den beiden sehen, wie der Tag war. Lia wusste oft gar nicht mehr, wohin mit sich, so unsicher war sie. Marion hingegen stapft manchmal wie ein pubertierender Teenager wortlos an mir vorbei. Ich hatte zwar dann keine sprachliche Auskunft über den Vormittag, aber immerhin doch die Klarheit: Der Vormittag war mal wieder nicht gut und für den Rest des Tages wartet eine Menge Arbeit auf mich. Ich beginne wieder die Höhle im Wohnzimmer zu bauen. Jeden Mittag pucke ich Lia. Nach einigen Wochen habe ich beschlossen, dass das so nicht weitergehen kann, die beiden finden einfach nicht zueinander.

Als ich mit Frau Rackel sprechen will, sagt sie mir, dass Marion aufhören will. Was zuerst eine Erleichterung für mich ist, wird auch zugleich zur Sorge: Wie geht es denn nun weiter?

Neue I-Kraft Maxi

Gott sei Dank geht es dann schon recht bald richtig gut weiter. Maxi, eine I-Kraft, die zur Vertretung in der Klasse ist, sucht eine Herausforderung. Sie hat Lia schon erlebt. Durch ihre Freundin Elena weiß sie schon viel über Lia und sie kann sich vorstellen, Lia zu übernehmen. Wir treffen uns. Schon beim ersten Treffen spüren wir, das Maxi nicht blauäugig in die Aufgabe gehen wird, und dass Lia und Maxi schnell einen Draht zueinander haben.

Maxi wird die neue I-Kraft. Nach kurzer Zeit, nachdem sich die beiden aneinander gewöhnt haben, wird es für Lia wieder ruhiger. Sie geht wieder gerne in die Schule und freut sich auf Maxi. Sie wird zu einer wichtigen Bezugsperson für Lia.

Corona

Nachdem nun endlich alles wieder in geregelten Bahnen läuft, kommt die nächste Katastrophe. Es kommt Corona. Und damit ist bei allen Menschen plötzlich nichts mehr so, wie es mal war. Für Lia steht die Welt noch deutlich mehr Kopf, als sie ohnehin jetzt schon steht. Sie fühlt sich von einer unbekannten Macht bedroht, kann ihre Angst nicht verstehen und auch nicht in Worte fassen.

Typisch für Lia in solchen Situationen ist, dass sie wieder mal nicht auf die Toilette geht. Sie hält alles ein, bis es einfach nicht mehr geht. „Wir müssen alle sterben. Es kommt und dann sind wir tot", sagt sie immer wieder. Sie kann nicht mehr alleine in ihrem Zimmer schlafen. „Meine Augen sagen, sie dürfen nicht schlafen. Sonst sterbe ich." Wir lassen Lia in unserem Schlafzimmer mit schlafen. Hoffen, dass es nur eine kurze Phase ist. Lia hat solche Angst, dass sie immer mehr körperliche Nähe sucht, teilweise schläft sie auf uns. Nach mehreren Wochen legen wir eine Matratze neben unser Bett, auf der Lia dann auch schlafen kann.

Home-Schooling

Das erste Home-Schooling kommt und wir schlagen uns tapfer. Ich muss den Tag gut strukturieren. Morgens machen wir Schule. Mittags gehen wir in den Wald. Lia versteht nicht, warum sie plötzlich nicht mehr zum Tonfeld, Reiten und Mobis darf.

Ich bin froh, dass ich als Erzieherin ein gewisses Paket von Beschäftigungsmöglichkeiten habe. Wir basteln, backen und machen uns die verrückte Zeit so angenehm, wie es eben geht. Da ich wenig Ahnung davon habe, wie ich Lia im schulischen Bereich richtig fördern kann, suche ich immer wieder Hilfe bei Frau Rackel.

Reicht das überhaupt, was wir machen? Bin ich da vielleicht zu kreativ oder zu nachlässig, wenn ich mir Mathespiele für Lia ausdenke, Brot backe oder einfach im Garten rumwerkele? Muss da nicht doch deutlich mehr kommen? Frau Rackel nimmt mir und meinen Zweifeln den Wind aus den Segeln. „Ihr macht das toll", schreibt sie mir immer wieder.

Aber leider hört man ja so viel, was sein muss und was nicht meine Aufgabe sein soll. Mit vielen Pädagogen in der Familie ist es echt nicht immer leicht. Nach einer Weile habe ich aufgehört, nach dem allen zu sehen und zu hören. Ich mache einfach so weiter, und zwar so lange bis Frau Rackel etwas anderes sagt.

Arbeit am Tonfeld

Mein gutes Verhältnis zu Frau Loos (Tonfeld) kommt mir nun wieder einmal zu Gute. Wir telefonieren oft miteinander, überlegen, was wir tun können, um Lia durch die Zeit zu helfen. Frau Loos liefert mir ein Tonfeld mit allen möglichen Figuren und Materialien, damit ich daran mit Lia arbeiten kann.

Es folgt eine spannende Zeit. Lia arbeitet regelmäßig im Tonfeld. Es entstehen die tollsten Geschichten, die unglaublich anrührend sind und Lia eine Möglichkeit geben, ihre Ängste auszudrücken. Meistens geht es darum, dass eine Drachenmutter Eier in ein Nest gelegt hat und die Drachenmutter und die Eier von bösen Rittern bedroht werden. Oft sind am Ende alle tot oder die Dracheneier wurden geraubt. Abends telefoniere ich dann mit Frau Loos. Sie hilft mir durch die ganze Situation, denn es ist oft schwer für mich zu ertragen, was in Lia gerade passiert.

Die unbekannte Macht, das beängstigende Gefühl, das Lia wahrscheinlich im Mutterleib erleben musste, hält nun bei uns in der Küche Einzug. Auch ich fühle mich richtig verunsichert. Was mache ich da eigentlich und kann ich vielleicht durch meine therapeutische Unwissenheit mehr kaputt machen, als es gut zu machen?

Frau Loos beruhigt mich und stärkt mich immer wieder. „Sie machen das gut, Frau Stolz", sagt sie oft. Einmal malt Lia ein Bild. Auf dem Bild sehe ich einen See, etwas liegt am Ufer. Über dem Wasser sieht man bunte Fäden schweben. Ich frage Lia, was sie gemalt hat. „Das ist Wasser und da liegt Moses, der ist traurig. Der Moses ruft: ‚Gott, jetzt hilf doch mal', aber Gott sagt: ‚Nein, Moses, jetzt kommt Corona. Da hilft nichts'." Ich bin tief berührt und mir wird wieder einmal klar, wie viel Angst Lia in sich trägt.

Die Zeit vergeht, die Schule hat wieder angefangen. Nun ist aber vieles anders. Masken müssen getragen werden. Abstand soll gehalten werden und ein Hygiene-konzept kommt. Für Lia ist das alles beängstigend. „Was ist, wenn ich mal mit Frau Rackel kuscheln muss?" Frau Rackel beruhigt und sagt: „Wenn Lia kuscheln muss, dann kuscheln wir. Da habe ich kein Problem mit." Wir wollen Lia beruhigen und sagen ihr, dass sie auch weiter Frau Rackel drücken und mit ihr kuscheln darf. Lia schaut mich ernst an und sagt entsetzt: „Mama, das geht nicht, hinterher stirbt meine Frau Rackel, wenn ich mit ihr kuschel."

Trotz aller Bedenken und Ängste kommt Lia gut in der Schule klar. Es wird alles Mögliche getan, damit die Kinder einen relativ normalen Schulalltag haben.

Leider lässt die nächste Home-Schooling-Phase nicht lange auf sich warten. Ich wappne mich wieder mit allen möglichen Ideen und Materialien. Aber ich merke auch, dass das erste Jahr doch schon mehr Kraft gezogen hat, als ich mir eingestehen will.

Nach den ersten Tagen beschließen wir mit Frau Rackel, dass Maxi zu uns nach Hause kommt und das Home-Schooling übernimmt. So ist für Lia meine Rolle als Mutter wieder klarer und ich habe etwas Luft für die Dinge, die außerdem noch anfallen.

Auch wenn das erst einmal die beste Lösung ist, verwirrt es Lia sehr. Warum soll sie Schule machen, wo sie doch lieber mit Maxi als Besucherin spielen will. Ich muss immer wieder einspringen, weil Lia nicht arbeiten will. Sie will lieber bei mir sein. Sobald Lia merkt, dass ich in der Nähe bin, verweigert sie sich. Die Entlastung bleibt gering, aber wir schaffen meistens im Team unsere Aufgaben. Dabei müssen wir weiterhin unheimlich kreativ bleiben, immer wieder viel Bewegungspausen einbauen, was im Winter bei schlechtem Wetter auch nicht immer ganz einfach ist.

Wir erfinden Spiele und schnell wird unser Haus zur Bewegungsbaustelle, was aber auch nur bedingt gut geht. Denn neben Lia ist auch Maria im Home-Schooling und Carsten im Home-Office.

Als einige Wochen später der Wechselunterricht in der Schule beginnt, macht uns Frau Rackel den Vorschlag, dass Lia wieder jeden Tag in die Schule kommt. So hat Lia ein Stück Normalität. An den Tagen, an denen Lia eigentlich keine Schule hat, darf sie in einem „Geheimquartier" arbeiten. Das Geheimquartier ist ein eigener Klassenraum. Dieser geregelte Ablauf gibt Lia Sicherheit.

Stilblüten

Tonfeld

Lia ist zur Tonfeldtherapie, sie steht mit geschlossenen Augen vor dem Tonfeld und sagt: „Na, dann wollen wir mal kneten, damit mein Kopf wieder frei wird."

Klettergerüst

Wir sind auf dem Campingplatz, Lia klettert auf einem Klettergerüst und will Kunststücke üben. Leider ging das schon nach kurzer Zeit schief und Lia stürzte aus gut einem Meter ab und landete ungebremst auf dem Ellbogen. Nach einem kurzen Besuch in der Kinderklinik stand fest, dass der Arm zu geschwollen ist, um einen Bruch auszuschließen, dass im Röntgenbild aber eine deutliche Gewebeveränderung zu sehen ist. Wir werden mit einer Armschlinge entlassen und der Anweisung, den Arm nicht zu belasten. Als Lia gefragt wird, was sie denn am Arm hat, strahlt sie und sagt: „Ich habe die Ellenbogen-Knick-Krankheit."

Der Bürgermeister

Lia ist mit der Schule zu einer Veranstaltung im Apollo Theater. Die Kinder stehen noch alle im Foyer, es ist ein buntes Treiben, als die Tür aufgeht und ein fremder Mann die Halle betritt. Lia sieht ihn und sagt:

„Ach, der Bürgermeister ist ja auch da." Ich bin verwundert, denn Lia kennt den Bürgermeister nicht. Ich frage Lia: „Woher weißt du denn, dass das der Bürgermeister ist?" Lia sieht mich groß an und sagt: „Mama, das sieht man doch. Der hat auch so Sachen an, wie der Bürgermeister von Benjamin Blümchen."

Frau Withake

Wir sitzen am Frühstückstisch. Es sind Herbstferien. Lia fragt, wann sie denn endlich wieder in die Schule darf. Wir schauen uns amüsiert an. Ich frage, was sie denn so von der Schule vermisst. „Meine Frau Rackel und die Frau Withake." Carsten fragt, ob Lia auch schon mal Unterricht mit Frau Withake hatte. Darauf antwortet Lia: „Nein, Papa, aber ich liebe Frau Withake. Und wisst ihr was? Wenn ich mal groß bin und dann ein Mann bin, dann heirate ich Frau Withake."

Bin ich komisch

Es ist Corona und Home-Schooling. Lia sitzt am Schreibtisch und will nicht so recht arbeiten. Lia seufzt tief auf, dann sagt sie: „Manno, ich will so gerne wieder in die Schule. Ich vermisse meine Frau Rackel so. Ich hab sie doch so im Herzen lieb." Dann lacht sie und sagt: „Also, ich bin ja vielleicht komisch! Wenn ich bald wieder Schule habe, dann sage ich bestimmt: ‚Ich will nicht in die Schule. Ich habe keine Lust'."

Seufzen auf Vorrat

Es ist der letzte Tag der Herbstferien. Ich sage: „Heute müssen wir deinen Schulranzen für morgen fertigmachen." Lia fragt entsetzt: „Was? Warum das denn?" Ich antworte ihr: „Morgen früh ist doch wieder Schule, die Ferien sind jetzt vorbei." Ein tiefer Seufzer kommt zur Antwort, dann sagt Lia: „Ok, dann seufze ich jetzt schon mal. Morgen früh ist die Zeit bestimmt wieder zu knapp dafür."

Osterhase

Einen Tag vor Ostern sagt Lia abends zu mir: „Ich will dir mal was sagen, Mama. Morgen früh werde ich nicht so ganz früh aufstehen. Dann kann der Osterhase morgen mal ausschlafen."

Hausaufgabenfrei

Lia kommt an einem sehr heißen Sommertag strahlend aus der Schule und sagt: „Mama, die Frau Withake hat heute ‚erlassen', dass wir keine Hausaufgaben machen müssen!"

Heiraten

In der Schule gibt es den Lehrer Herr Lenßen. Er heiratet. Die Kinder haben Bilder für ihn gemalt. Als ich Lia abends ins Bett bringe, sagt sie zu mir: „Weißt du, Mama, irgendwie ist das blöd. Jetzt kann ich den Herrn

Lenßen auch schon nicht mehr heiraten. Immer machen die aber auch alle ‚so schnell Hochzeit'. Und ich kann das dann nicht schaffen. Dass ich groß genug bin, den zu heiraten."

Gabiraktor

Lia spielt mit ihren Dinos. Während des Spiels spart sie nicht mit Erklärungen. Lia teilt die Dinos in Fleisch- und Pflanzenfresser ein. Nennt die Namen der Dinos. Maria fragt Lia nach einem Dino, was das denn für einer sei und wie er heißt. Es stellt sich heraus, dass der Dino aus dem Adventskalender der Schule kommt. Lia schaut sich den Dino an und zuckt erst einmal mit den Schultern. „Keine Ahnung, Maria." Abends kommt sie dann noch mal aus dem Bett, den Dino in der Hand und sagt: „Leute, jetzt weiß ich, was das für ein Dino ist, es ist ein ‚Gabiraktor'." Gabi ist der Vorname ihrer Lehrerin.

Schlüpfer

Es ist Wochenende und Lia liebt es, am Wochenende den Tag im Schlafanzug zu verbringen. Das Wetter ist schlecht und ich sage zu ihr: „Du kannst gerne im Schlafanzug bleiben, aber du könntest einen frischen Schlüpfer anziehen." Lia verzieht ihr Gesicht und sagt: „Och nö, Mama. Ich behalte lieber den warmen Schlüpfer an. Ein neuer Schlüpfer ist immer so kalt am Popo. Da friert mein Popo zu sehr."

Karneval

Es ist Karneval in der Schule. Ich hole Lia mittags in der Schule ab und sie erzählt mir fröhlich, wer sich wie verkleidet hat. „War eigentlich Frau Weller auch heute in der Schule? Als was hatte sie sich denn verkleidet?" „Natürlich war Frau Weller da, Mama. Und sie ist einfach als Frau Weller gekommen." „Dann hatte Frau Weller also kein Kostüm an?" Lia sieht mich ganz wichtig an und sagt: „Ach, Mama, die Frau Weller ist doch schon so schön und witzig genug."

Schlusswort

Dass ich jemals an dieser Stelle ankomme, hätte ich nie gedacht. Ich habe vieles erzählt. Und dabei bin ich noch mal durch viele Gefühle hindurch gegangen. So viel ist in den letzten zehn Jahren passiert.

Manchmal fragen mich Leute: „Würdet ihr, wenn ihr das alles wüsstet, den Schritt noch mal gehen und ein Kind in Pflege nehmen?" Ich bin ganz ehrlich, ich kann es nicht sagen. Manchmal denke ich, wenn wir gewusst hätten, was da alles auf uns zu kommt, niemals hätten wir dazu ja gesagt. Ein anderes Mal läuft mein Herz über vor Liebe zu diesem kleinen Menschen.

Manche sagen etwas wie: „Lia hat euch so viel genommen. An Freiheit und Lebensqualität."

Dem muss ich widersprechen. Ja, Lia hat unser Leben vollkommen verändert. Ja, manchmal würden wir auch gerne einfach mal auf ein Fest gehen oder durch die Stadt bummeln. Einfach sich mal niederlassen und einen Kaffee trinken oder ein Eis essen. Aber auf der anderen Seite hat uns Lia auch genauso viel gegeben. Einen neuen Blick auf das Leben, nicht mehr alles mitzumachen, weil es gerade „In" ist und es alle machen. Wir durften in all den Jahren dank Lia herausfinden, was uns wichtig ist. Wo es sich für uns lohnt, Energien reinzustecken.

Dank Lia haben wir ganz andere, neue Lebensqualitäten entdecken dürfen. Die Schönheit der Natur zum Beispiel. Raus aus der Hektik. Den Blick auf die kleinen, nicht immer offensichtlichen Dinge. Wir durften lernen, nicht immer alles als selbstverständlich zu sehen.

Im Corona-Lockdown mussten wir uns fast überhaupt nicht umstellen! Denn unser Leben ist oftmals wie ein Lockdown.

Jetzt wo ich am Ende meiner Erzählungen angekommen bin, spüre ich noch mal, was es für eine unglaubliche Reise mit Lia bisher war und ich weiß, es wird auch in den kommenden Jahren ein Abenteuer bleiben. Wir sind durch sehr viele Höhen und mindestens genauso viele Tiefen gegangen.

Es haben sich Freundschaften verändert. Beziehungen wurden zum Teil sehr intensiv und zum anderen Teil eher gelockert. Wir haben unglaublich viele tolle Menschen kennengelernt.

Ich bin unendlich dankbar für die vielen Menschen, die uns auf unserem Weg begleiten, mit uns gehen, zuhören und mittragen. Menschen, die bereit sind, sich auch auf Lia einzulassen, sie so nehmen, wie sie ist. Ohne alte oder neue pädagogische Ansätze auszuprobieren oder sie uns vermitteln zu wollen. Die Menschen, die auch das Besondere in Lia sehen.

Ich möchte an dieser Stelle niemanden nennen. Die Gefahr ist ja immer, dass man jemanden vergisst, und das möchte ich auf keinen Fall. Außerdem gehe ich davon aus, dass sich diese Menschen an dieser Stelle angesprochen fühlen.

Ich sage allen Unterstützern von Herzen DANKE! Denn ohne Euch und Eure Unterstützung wären wir nicht an der Stelle, an der wir heute sind.

Moni